Introduction

Nous sommes des émetteurs-récepteurs

LA CONVERSATION EST NOTRE PRINCIPAL MOYEN D'EXPRESSION. C'est par elle que passent nos idées, nos convictions, nos rêves et nos sentiments. C'est aussi en conversant que naissent les amitiés et les relations.

Pour pouvoir communiquer avec notre entourage, nous devons ouvrir ce "canal de conversation". Ce livre est basé sur la série de cours que j'ai donnés, qui portent d'ailleurs le même titre. Les techniques de conversation que vous y trouverez ont été testées avec succès auprès de mes étudiants. Elles se sont avérées très efficaces pour engager et alimenter une conversation, dans presque toutes les situations — y compris les réunions d'affaires. Ces techniques sont présentées sous une forme pratique et facile à mémoriser. Elles reprennent des situations réelles; ainsi, vous pourrez vous exercer et les mettre vite en pratique en respectant votre situation particulière et votre rythme de vie.

Cet ouvrage pourra aider des personnes appartenant à des milieux très divers. Parmi eux, citons:

les célibataires
les couples
les gens de professions libérales
les représentants de commerce
les consultants
les professeurs
les chefs d'entreprise
les étudiants
les parents
les immigrants
les artistes
les hommes et les femmes d'affaires
et beaucoup d'autres

Tous mes étudiants ne souffrent pas de timidité. La majorité d'entre eux désire simplement améliorer sa façon de communiquer.

Voici comment ce livre peut vous aider:

De nombreux étudiants assistant à mes cours connaissent des changements d'orientation, et désirent s'adapter facilement à leur nouveau milieu de travail. Les vendeurs, eux, veulent apprendre à converser de manière informelle avec leurs clients, tandis que les femmes d'affaires désirent communiquer en toute confiance et sur une base égalitaire avec leurs confrères. Les nouveaux immigrants cherchent à s'intégrer en parlant la langue du pays. Les cadres viennent apprendre à discuter sans parler affaires, les parents cherchent à mieux communiquer avec leurs enfants et le reste de la famille. La liste est longue!

Même si vous n'avez généralement pas de problème à engager la conversation, cet ouvrage vous sera utile, et vous aidera le cas échéant à mieux diriger ou orienter la conversation.

Profitez de vos sorties tout en vous faisant de nouveaux amis

La situation embarrassante la plus fréquente est sans doute celle où l'on rencontre de nouvelles personnes, lors d'une réunion ou d'un cocktail. On se sent souvent mal à l'aise dans une pièce remplie d'inconnus, et l'on redoute les contacts. Vous trouverez dans ce livre des méthodes qui non seulement vous aideront à faire la connaissance de nouvelles personnes, mais qui vous permettront aussi de vous faire des amis, et de développer des relations riches et durables.

Apprenez une nouvelle façon de communiquer

Savoir communiquer simplement et amicalement constitue une partie essentielle de notre vie, tant sur le plan professionnel et social que sur le plan intime. La plupart des gens peuvent converser avec autrui lorsqu'ils se sentent à l'aise et en confiance. Les problèmes surgissent lorsque la crainte et l'anxiété se manifestent. Ce livre vous aidera à cerner quels talents vous possédez dans ce domaine, et dans quelles situations vous vous sentez en confiance.

Lorsque vous aurez expérimenté avec succès vos capacités dans des situations "sûres', risquez-vous dans des situations plus difficiles. Vous serez agréablement surpris de constater que vous pourrez passer d'une situation à une autre sans difficulté. Ainsi, vous gagnerez de plus en plus confiance en vous, et les techniques que vous allez découvrir dans cet ouvrage deviendront des réflexes inconscients.

Joignez-vous aux autres

Le but de la conversation est de communiquer avec les gens qui nous entourent. Nous avons beaucoup à gagner en communiquant ouvertement avec les autres. En partageant nos expériences, nous nous enrichissons. Nos horizons, nos aptitudes prennent une nouvelle dimension, et il en résulte un épanouissement personnel et de nouvelles amitiés.

La conversation est également un moyen de négocier avec les autres. Le fait de communiquer nos désirs et nos besoins de façon efficace est une condition essentielle pour les combler.

Au travail!

Commencez par ouvrir votre esprit et vos sens au monde qui vous entoure. Intégrez vos nouvelles capacités à votre personnalité. Il ne s'agit pas de devenir quelqu'un d'autre, mais de changer simplement certaines attitudes et de développer vos aptitudes lorsque vous êtes en contact avec autrui.

Une attitude corporelle fermée laisse sous-entendre: "Ne vous approchez pas! Je préfère rester seul!"

Soyez patient, et concentrez-vous sur de petites transformations quotidiennes. N'attendez pas de révélations. N'oubliez pas que nos schèmes de pensée sont ancrés en nous depuis de longues années, et qu'il faudra un certain temps pour les modifier.

Vous devez avoir le désir de changer, avoir envie de rejoindre les autres, et d'innover. Fixez-vous un but. Vous vous apercevrez vite qu'*atteindre ce but est plus facile et plus agréable que vous ne le pensiez*! Que la conversation commence!

Chapitre 1

Soyez réceptif — Le langage du corps

Le langage du corps est très important. En effet, des recherches ont prouvé que plus de 70 pour 100 de la communication est non verbale. Ce "langage" comme on l'appelle précède souvent la parole dans l'expression de nos sentiments. Notre corps projette aussi notre niveau de réceptivité.

Des recherches ont montré que plus de 70 pour 100 de la communication est d'ordre non verbal.

La plupart des gens éprouvant des problèmes de communication ne se rendent pas compte de l'importance des signaux émis par le corps — attitude fermée, regard fuyant, absence de sourire — , qui sont souvent la cause d'une conversation trop courte ou peu satisfaisante. Nous sommes jugés rapidement d'après les signaux que nous émettons. Si la première impression est négative et peu amicale, la conversation s'en ressentira. Voici quelques techniques efficaces.

Étant donné que le corps s'exprime avant la voix, il est important de donner une image positive et amicale. Ainsi, vous envoyez le signal: "Je suis amical et désireux de communiquer si vous le voulez aussi."

Sourire

Un *sourire* agréable indique très clairement que l'on a une attitude amicale et ouverte, et que l'on est désireux de

Un sourire indique que vous êtes amical et ouvert à la communication. Si vous froncez les sourcils, vous émettez des signaux de scepticisme et de non-réceptivité.

communiquer. C'est un signal non verbal positif, émis dans l'espoir que l'autre y répondra. Un sourire est interprété comme un compliment et fait généralement plaisir.

Sourire ne veut pas dire faire semblant d'être heureux en permanence. Mais si vous rencontrez quelqu'un que vous connaissez ou que vous aimeriez connaître, n'hésitez pas à sourire.

En envoyant des signaux amicaux, vous recevrez des messages de même nature. Le meilleur moyen de montrer de façon positive à quelqu'un que vous l'avez remarqué est de lui sourire et de lui lancer un bonjour amical. L'autre se sent approuvé et se trouve immédiatement bien disposé à votre égard.

Avoir une attitude ouverte

On ne se rend pas toujours compte qu'une attitude fermée peut causer des problèmes de communication. La pose type est celle du "Penseur". Chacun sait que l'on n'interrompt pas une personne qui semble ainsi plongée dans ses pensées... Cette attitude émet le signal "gardez vos distances" et dissimule la bouche.

En l'absence de signaux réceptifs, les gens auront tendance à vous éviter et à rechercher quelqu'un de plus disponible. Une attitude fermée décourage la conversation et le contact.

Si vous voulez vous débarrasser de ce genre d'attitude, écartez les mains de votre visage, et décroisez les bras. Avoir les bras croisés indique l'impatience, le déplaisir ou la désapprobation, autant de sentiments qui découragent les gens de s'ouvrir ou de se confier à vous.

La distance à respecter est d'environ 1,50 m. Il est important de ne pas être trop près de la personne, et de respecter son "espace vital". Soyez attentif aux signaux verbaux et non verbaux qu'elle émettra à votre égard. De plus, la dis-

Attitude fermée: "Je suis en train de réfléchir, et je ne veux pas être dérangé. Ne vous approchez pas de moi!"

Attitude ouverte: Je suis réceptif et ouvert à l'échange."

tance à respecter entre deux personnes varie suivant les cultures.

Certaines personnes ne voient pas, dans leur attitude fermée, de signe négatif. Ils prétendent que c'est leur nature. Que vous soyez ou non réceptif, rappelez-vous que vous serez jugé sur ce que vous donnez à voir aux autres. C'est pourquoi une attitude fermée est souvent interprétée comme un manque de réceptivité, tandis qu'une attitude ouverte se lit comme le signal clair et sans équivoque de réceptivité. "Je suis prêt à communiquer, venez me parler."

Se pencher en avant

Se pencher légèrement vers son interlocuteur est une marque d'attention et d'intérêt. Cette attitude est généralement interprétée comme un compliment, et encourage la conversation.

S'incliner vers l'arrière indique le manque d'intérêt, voire l'ennui.

Se pencher en avant signifie: "Ce que vous me dites m'intéresse."

Toucher la personne

Pour deux personnes qui se rencontrent pour la première fois, la poignée de main est la forme de contact la plus courante, du moins dans notre culture. Dans presque chaque situation, une poignée de main ferme et chaleureuse est un moyen sûr et direct de montrer que l'on est amical et ouvert.

Tendez la main le premier. Dites bonjour, souriez et présentez-vous.

Certains hommes n'aiment pas tendre la main les premiers à une femme. Ils craignent d'être ridicules au cas où la femme ignorerait leur salut. Dans l'édition révisée de son ouvrage sur les bonnes manières, Emily Post écrit qu'il est tout à fait acceptable qu'un homme tende la main à une femme, et qu'il serait impoli, de la part d'un homme ou d'une femme, d'ignorer ou de refuser ce geste amical.

Une poignée de main chaleureuse accompagnée d'un sourire et d'un "Bonjour, enchanté de vous connaître" constitue le contact souhaité lors d'une première rencontre.

Certaines femmes trouvent quant à elles que cette approche est trop directe. D'après mes sondages personnels, la poignée de main est acceptée de tous. C'est une forme de contact sûr, non menaçante, qui fait tomber les défenses. Les gens se sentent sur un pied d'égalité et sont plus réceptifs.

Il est également important de terminer une conversation par une poignée de main amicale, un sourire, et une phrase de politesse par laquelle on démontre à la personne que l'on a aimé lui parler.

Le regard

Le regard est très expressif. Lorsque vous regardez votre interlocuteur dans les yeux, vous lui signifiez que ce qu'il vous dit vous intéresse, et que vous avez envie de mieux le connaître.

En regardant le visage de votre interlocuteur, vous observez son expression. Si l'on vous sourit, souriez en retour. Regarder quelqu'un ne veut pas dire le dévisager. Un regard appuyé est très désagréable.

Regarder quelqu'un qui vous parle signifie que vous êtes intéressé par sa conversation. "Je vous écoute, continuez."

Si l'on fixe une personne, on devient suspect à ses yeux. Ce genre d'attitude est aussi perçu comme agressif.

Voici quelques trucs qui vous aideront si vous êtes timide. Commencez par regarder la personne droit dans les yeux pendant quelques secondes, et souriez-lui. Laissez votre regard se poser sur les traits de son visage, puis regardez-la de nouveau dans les yeux. Avec la pratique, il vous sera de plus en plus facile de regarder ainsi votre interlocuteur droit dans les yeux.

Éviter de regarder quelqu'un en face crée souvent un malaise, et peut donner l'impression qu'un des partenaires est soit hypocrite, soit ennuyé. Il en résulte généralement une conversation courte et non satisfaisante. Il est donc important de regarder les gens bien en face, et de leur donner ainsi le message "Je vous écoute, continuez s'il vous plaît".

Signe de tête

Faire un signe de tête à son interlocuteur veut dire qu'on écoute et comprend ce qu'il nous dit. La personne se sent ainsi approuvée et encouragée. Un signe de tête accompagné d'un sourire et d'un bonjour amical est une très bonne façon de saluer quelqu'un dans la rue. Comme tous les autres gestes de communication, le signe de tête signifie: "Je suis amical et désire communiquer avec vous."

Un signe de tête indique que vous écoutez et comprenez ce que l'on vous dit. Le message est: "Je vous écoute, continuez."

Attention

Ces signes non verbaux ne peuvent pas à eux seuls remplacer la communication verbale. De plus, en ne voyant que des gestes isolés plutôt que des groupes de gestes, vous pouvez faire des erreurs de perception. Toutefois, lorsque le verbal et le non verbal sont utilisés en même temps que de bonnes techniques de conversation, une impression d'ouverture et de disponibilité se dégage, et les autres vous sentent prêt au contact et à l'échange.

En vous exerçant, vous serez plus conscient du type de signaux échangés. En identifiant la réceptivité de votre entourage, vous réduirez du même coup les risques d'être rejeté. Mettez sans tarder les techniques de réceptivité en pratique, et vous constaterez qu'elles sont vraiment efficaces.

Cher Gabby,

Lorsque je vais à un cocktail, je me sens seul et exclu. J'ai le sentiment que tout le monde se connaît. Comment faire pour engager la conversation?

Merci.
Une personne timide

Engager la conversation lors d'une fête ou d'une réunion ne doit pas poser de problème si vous vous souvenez qu'il faut rechercher les visages réceptifs. Servez-vous de vos yeux, de votre sourire, et surtout, ne croisez pas les bras et écartez les mains de votre visage. Circulez dans la pièce, observez les convives, n'ayez pas peur de bouger. Cherchez un visage familier et amical. Lorsque vous aurez repéré une personne qui vous semble ouverte au contact, allez vers elle et saluez-la d'un: "Bonjour, comment allez-vous?" Vous pouvez aussi vous présenter, ou donner votre avis sur la musique, le buffet, l'atmosphère, etc. Vous pouvez aussi faire un compliment sincère à la personne, suivi d'une question rituelle en rapport avec la situation présente: "J'aime beaucoup les vêtements que vous portez. Faites-vous partie du groupe, ou êtes-vous venu(e) à titre de représentant(e) indépendant(e)?"

Chapitre 2

Comment engager naturellement la conversation

À présent que vous connaissez le langage corporel, voyons comment engager la conversation, et comment rompre la glace.

On compte cinq étapes principales, que l'on suit dans l'ordre proposé ou dans le désordre. Il s'agit d'*établir un contact par le regard, de sourire*, et de suivre les indications ci-dessous.

---

1. *Risque contre rejet.* Dites bonjour le premier.
2. *Questions rituelles.* Posez des questions simples sur la situation, l'autre personne, ou vous-même.
3. *Écoute active.* Sachez comment poursuivre la conversation en écoutant attentivement les renseignements donnés.
4. *Recherchez les renseignements.* Posez des questions basées sur les renseignements que l'on vient de vous donner.
5. *Restez ouvert.* N'hésitez pas à révéler des détails vous concernant tout en posant des questions qui peuvent vous intéresser.

Un manque d'enthousiasme ou l'absence de réaction tuent la conversation.

1. Risque contre rejet

Il faut prendre certains risques pour engager la conversation avec une personne que l'on ne connaît pas. La plupart des gens timides n'osent pas engager la conversation de peur d'être rejetés, et cette crainte les empêche de communiquer. Le risque et le rejet font partie intégrante de la vie, et il est négatif d'être trop sensible. Dites-vous que se faire éconduire par une personne que l'on n'a jamais vue n'est de toute façon pas si terrible.

De passif devenez actif

Les gens timides sont généralement passifs. Ils attendent que quelqu'un leur adresse la parole. Imaginez deux timides ensemble: chacun compte sur l'autre pour engager la conversation. Si un tiers les aborde, ils sont tellement surpris qu'ils ne savent pas quoi dire.

Passez à l'action! Soyez le premier à dire bonjour, et prenez l'initiative. Présentez-vous, et partagez vos idées, vos sentiments. Recherchez des visages familiers, dites bonjour, et demandez aux gens ce qu'ils pensent, ce qu'ils aiment, etc. Si vous engagez la conversation, vous obtiendrez des réactions positives, et vous aurez moins peur d'être rejeté. Votre "audace" sera positive: vous ferez de nouveaux contacts, et enrichirez votre conversation.

Il existe un autre avantage à entamer une conversation: vous pouvez l'orienter à votre guise, et votre interlocuteur en retire une impression d'ouverture et de gentillesse. De plus, en lui témoignant de l'intérêt, vous faites plaisir à votre interlocuteur.

Réduisez les risques de rejet — recherchez les gens réceptifs

Plus vous foncerez, plus vous obtiendrez de réactions positives. Attendez-vous cependant à quelques rejets. On ne peut plaire à tous. Le cas échéant, planifiez une approche différente.

Le meilleur truc est de rechercher les gens réceptifs. Pour cela, soyez observateur. Recherchez des gens avec une attitude ouverte, et qui semblent réceptifs. Le moment venu, allez à leur rencontre. Supposons que vous voulez inviter quelqu'un à danser. Choisissez quelqu'un qui est déjà sur la piste de danse, ou qui semble avoir envie de danser, puis jetez-vous à l'eau! Approchez-vous de la personne, regardez-la en souriant, et invitez-la. Il y a de bonnes chances pour que la personne se sente flattée, et pour qu'elle accepte votre invitation. Dans le cas d'un refus, acceptez la situation avec le sourire, et demandez à quelqu'un d'autre. Avec le temps, vous serez de plus en plus sélectif, et saurez choisir les personnes qui vous répondront positivement.

Comment accepter les refus

S'il vous est souvent arrivé d'être rejeté, un refus de plus ne devrait pas changer grand-chose. Ne sautez pas aux conclusions, ne vous croyez pas responsable. Quelqu'un peut refuser pour toutes sortes de raisons, qui n'ont souvent rien à voir avec vous. On peut être occupé, ne pas se sentir bien. Encore une fois, les refus font partie de la vie, et ne doivent pas vous inquiéter. Continuez à rechercher le contact, et ne comptez que les "oui".

Plus vous prendrez de risques, plus vous verrez que vous avez peu à perdre et beaucoup à gagner. Dire bonjour à quelqu'un n'est pas un acte très redoutable. Rappelez-vous qu'en étant actif, vous sous-entendez: "Je suis amical et désireux de communiquer avec vous."

2. Posez des questions rituelles simples

Les questions rituelles sont des demandes auxquelles il est facile de répondre. Leur but réel est de montrer l'intérêt que l'on porte à son interlocuteur.

Rompre la glace — un compliment suivi d'une question rituelle

Les questions rituelles peuvent être utiles pour rompre la glace. Voici trois moyens simples. Premièrement, faites un compliment amical et sincère à la personne à qui vous désirez parler. Enchaînez sans tarder avec une question directement reliée au compliment. Exemple: "Votre bague est superbe! D'où vient cette pierre?" ou encore: "Vous patinez vraiment bien! Où avez-vous appris tous ces trucs?"

Deuxièmement, observez ce que porte la personne — un livre, un instrument de musique, ou un équipement sportif. Souriez en regardant la personne, et posez-lui une question rituelle ayant trait à l'objet en question. Exemple: s'il s'agit

Un compliment suivi d'une question rituelle simple est un bon moyen de briser la glace.

d'une raquette de tennis, demandez à la personne si elle peut vous recommander un bon professeur, un court où l'on n'attend pas des heures, ou le nom du magasin d'où vient telle raquette, etc.

S'il s'agit d'un livre, demandez à la personne ce qu'elle en pense. Si c'est un instrument de musique, demandez où la personne prend des cours, depuis combien de temps elle joue, ou dites que vous aimeriez vous aussi étudier la musique. Si la personne porte un appareil photo, demandez-lui si elle a pris de bonnes photographies, si elle est satisfaite de son appareil, si elle est amateur ou professionnelle. Ces questions très simples constituent un bon moyen de montrer à quelqu'un que vous l'avez remarqué, et vous permettent d'engager facilement la conversation.

Enfin, vous pouvez faire un commentaire ou poser une question ayant trait à la situation. Exemple: "Excusez-moi, je cherche un appartement dans le quartier, pourriez-vous me renseigner?" Ou encore: "Je cherche un bon restaurant, est-ce que vous en connaissez un près d'ici?" Si quelqu'un semble avoir besoin d'aide, vous pouvez vous proposer en disant: "Vous semblez perdu(e); je vis dans le quartier, puis-je vous aider?"

Cher Gabby,

Lorsque je mange au restaurant, et que je remarque une personne seule à une table, comment puis-je lui demander de se joindre à moi?

Solitaire

Lorsque vous entrez seul dans un restaurant, observez la salle, et recherchez les personnes seules comme vous, qui lisent le menu ou le journal. Tâchez de vous asseoir à une table voisine, et lorsque la personne regarde dans votre direction, adressez-lui un sourire. Si elle y répond, adressez-lui la parole. Vous pouvez dire: "C'est la première fois que je viens ici. Que me conseillez-vous?" S'il s'agit d'un restaurant étranger, dites: "Je ne comprends pas la langue du menu, pourriez-vous m'aider à traduire?" Si la personne répond volontiers, demandez-lui si elle attend quelqu'un, et le cas échéant, offrez-lui de se joindre à vous: "Voulez-vous venir à ma table? J'ai là une bonne bouteille de vin que j'aimerais partager."

Bien des gens ont l'habitude de prendre leur repas en solitaire. Si votre approche est simple et amicale, vous avez de bonnes chances de voir votre demande acceptée. Offrez un verre, si vous le voulez. Cette attention ne signifie pas nécessairement que vous paierez le repas.

Autre truc: faites des commentaires sur ce que vous voyez ou entendez. Mettez toujours l'accent sur les choses positives. Vous révélez ainsi votre perception du monde. Les personnes qui se plaignent constamment ne sont pas très attirantes. Si vous faites la queue devant un cinéma, dites ce que vous pensez des films que vous avez vus, si vous êtes dans une librairie, parlez de vos goûts. Vous pouvez aussi aborder quelqu'un en disant: "Je vous ai déjà vu ici. Est-ce que vous travaillez dans le quartier?"

Ces questions rituelles sont très utiles, car elles vous permettent de trouver facilement les sujets d'intérêt de votre interlocuteur. De plus, vous lui faites savoir que vous aimeriez approfondir la relation.

Questions rituelles ouvertes et fermées

Si votre interlocuteur ne vous répond que par un "oui" ou un "non", il est probable que vous lui posiez ce que nous appellerons des questions rituelles fermées.

Ce type de questions, bien qu'utiles pour engager la conversation, doivent être suivies par des questions ouvertes. *Les questions ouvertes* font appel à des réponses plus élaborées, riches en informations sur les goûts et les idées de la personne. Ainsi, les questions fermées commencent souvent par les mots "Avez-vous?", "Êtes-vous?", "Qui?" "Où?", tandis que les questions ouvertes commencent couramment par des mots tels que "Comment?", "Pourquoi?", "En quel sens?". Exemple: "Comment vous êtes-vous engagé? Comment pourrai-je m'engager?"

Voici une liste de questions fermées.

EST-CE QUE VOUS HABITEZ DANS LE QUARTIER?
EST-CE QUE VOUS AIMEZ LA NOURRITURE?
QUELLE HEURE EST-IL?
ALLEZ-VOUS DANS LE PARC?
QUAND ÊTES-VOUS ARRIVÉ?
D'OÙ VENEZ-VOUS?
EST-CE QUE VOUS AIMEZ VOTRE SÉJOUR?

Voici quelques exemples de questions ouvertes.

COMMENT AVEZ-VOUS TROUVÉ VOTRE APPARTEMENT?
QUELS CHANGEMENTS AVEZ-VOUS REMARQUÉ EN REVENANT ICI?
COMMENT AVEZ-VOUS COMMENCÉ À TRAVAILLER ICI?
POURQUOI AVEZ-VOUS DÉCIDÉ DE DÉMÉNAGER DANS CETTE VILLE?
QU'EST-CE QUI VOUS AMÈNE DANS CETTE VILLE?
QUELS SONT VOS LOISIRS?

N'oubliez pas de faire suivre des questions fermées par des questions ouvertes.

Il est très important de poser des questions faciles et directes. La plupart des gens préfèrent les questions auxquelles il est facile de répondre aux questions difficiles et compliquées.

Il est faux de croire que les questions rituelles sont embarrassantes. En fait, la plupart des gens se sentent flattés de l'intérêt qu'on leur porte, et se sentent encouragés.

Donnez des renseignements

Lorsqu'on communique, on révèle beaucoup plus qu'on ne le pense. Ce sont autant de *renseignements* sur notre personnalité. Ces données servent à alimenter la conversation, et permettent d'explorer les expériences et les intérêts de notre interlocuteur d'une façon naturelle.

Dites ce que vous faites

Certaines personnes se sentent gênées de dire ou de demander aux autres ce qu'elles font dans la vie.

En fait, il n'y a rien de gênant à donner ou demander ce genre de renseignement. Dites ce que vous faites de manière simple et concise. Si vous êtes réticent, votre interlocuteur risque de devenir soupçonneux, surtout s'il vous a révélé son activité.

Certaines personnes n'aiment pas parler "de la pluie et du beau temps", elles trouvent cela ennuyeux et futile.

Même s'il n'existe pas de loi particulière dictant le déroulement d'une conversation, les échanges qui ne passent pas par ces petites phrases "rituelles" ne vont pas en s'approfondissant. Ainsi, ces phrases constituent un facteur important de la conversation, et permettent le développement de relations et d'amitiés.

Les questions rituelles vous permettent de révéler des renseignements personnels de façon simple et naturelle. Les petits détails échangés sont très révélateurs de la personnalité de chacun. Vous saurez vite si la personne qui se trouve en face de vous vous intéresse ou non. C'est un peu comme aller à la pêche.

Utilisez les questions rituelles lorsque vous voulez engager la conversation, ou changer de sujet. Si la réponse obtenue est brève, recommencez jusqu'à ce que vous receviez une réponse enthousiaste. Lorsque vous découvrirez un sujet qui intéresse votre interlocuteur, enchaînez avec une question ouverte. Si la conversation semble s'essouffler, revenez à une autre question rituelle basée sur les renseignements échangés plus tôt.

Ces questions précèdent la présentation proprement dite. Profitez d'un silence pour dire: "Au fait, je m'appelle.... Et vous?" Tendez la main, et souriez en disant: "Enchanté de faire votre connaissance...". Appelez la personne par son nom aussi souvent que vous le voudrez *sans toutefois exagérer.* Ainsi, vous mémoriserez son nom, et du même coup lui ferez un compliment. Si vous oubliez le nom de la personne, il est tout à fait acceptable de dire: "Excusez-moi, pouvez-vous me rappeler votre nom?"

Ces techniques sont réellement efficaces. Utilisez-les, et vous n'aurez plus de problème à dire bonjour le premier.

3. Sachez quoi dire en écoutant (Écoute active)

Vous avez posé quelques questions rituelles, et vous êtes à court d'idées. Voici quoi faire.

Ne pensez pas — écoutez!

Écoutez attentivement les mots clés, certains faits, sentiments et opinions que vous révélera votre interlocuteur. Ne pensez pas à ce que vous allez lui répondre, écoutez plutôt! Les gens timides sont généralement paralysés à l'idée de devoir dire quelque chose, et ils oublient d'écouter ce qu'on leur dit.

Développez une *écoute active.* Utilisez des gestes, regardez la personne, souriez-lui, et acquiescez de la tête. L'écoute active encourage les gens à poursuivre la conversation. Posez des questions courtes, et reformulez ce qui vous est dit en disant: "Est-ce que vous voulez dire que...?" ou encore: "Si je vous comprends bien..."

Améliorez votre écoute

Les problèmes de conversation sont généralement des problèmes d'écoute, de mémoire, ou de concentration. Une personne qui parle lentement et qui fait de nombreuses pauses est difficile et ennuyeuse à suivre.

Ne répétez pas comme un perroquet

Certaines personnes tentent de maintenir leur attention en répétant chaque mot. Ce n'est pas une bonne méthode. Il vaut mieux écouter et rechercher les mots clés et les idées générales.

Faites un alliage des connaissances acquises et des nouvelles données

Votre qualité d'écoute, votre concentration et votre mémoire peuvent s'améliorer considérablement si votre esprit est alerte, et si vous participez activement à la conversation. Donnez votre opinion tout au cours de la conversation, et faites un lien entre ce que l'on vous apprend et ce que vous savez déjà. Grâce à cette synthèse, vous vous souviendrez des détails reçus, et vous saurez quelles questions poser.

Servez-vous d'exemples

Les exemples sont vivants. Si vous n'êtes pas certain d'avoir bien compris ce que l'on vous dit, demandez que l'on vous donne un exemple.

Anticipez

Si vous écoutez activement, vous pouvez sans doute deviner ce qui va se dire. Vous montrez ainsi que vous êtes intéressé et que vous vous sentez concerné. Faites attention de ne pas terminer les phrases de votre interlocuteur. Si vous faites erreur, c'est que vous n'êtes pas sur la même longueur d'ondes que votre partenaire.

Soyez concis

Certaines personnes ont tendance à s'éloigner du sujet. N'hésitez pas à intervenir de temps en temps, et résumez la situation par des phrases comme: "Vous me dites... c'est bien ça?" Cette technique vous permet de retenir les détails et les grandes lignes de la conversation.

Engagez-vous activement

En vous engageant, vous développez votre esprit critique. Vous prenez note de ce que l'on vous dit, et vous comparez avec ce que vous savez déjà. Cela est particulièrement important lorsqu'il est question d'affaires courantes et de sujets controversés.

Soyez à l'écoute des phrases "iceberg"

Une phrase "iceberg" est, comme son nom l'indique, une information qui se trouve à 90 pour 100 "sous la surface". En deux ou trois mots, la personne vous fait comprendre qu'elle a beaucoup plus à dire. Ce sont des phrases comme: "Vous ne croirez jamais ce qui m'est arrivé!" ou encore: "Devinez ce que j'ai fait!" Enchaînez rapidement par des phrases comme: "Que s'est-il passé?", "Non, vraiment?", "Pourquoi dites-vous cela?", "Comment cela?", etc.

Cher Gabby,

Comment engager la conversation avec deux ou trois personnes qui discutent d'événements courants lors d'un cocktail?

Merci
Une personne qui veut se lancer

Pour participer à une conversation en cours, vous devez être suffisamment près des personnes qui discutent. Manifestez votre intérêt en envoyant des signaux (regard, sourire, acquiescement de la tête). En voyant que vous suivez la conversation, la personne qui est en train de parler vous inclura bientôt dans la discussion.

Profitez d'une pause, ou encore répondez à une question restée en suspens. Employez des phrases comme: "Qu'avez-vous fait alors?" ou: "Comment en êtes-vous arrivé à cette conclusion?" ou encore: "Cette histoire est vraiment incroyable! Quand est-ce arrivé?"

Certaines personnes craignent de s'imposer dans une conversation privée. Il suffit de bien observer les gens pour se faire rapidement une idée du type de conversation. Dans la plupart des cas, surtout au cours de fêtes, la personne qui parle recherche un auditoire, et vous accueillera avec plaisir.

Attention: Ne vous faites pas systématiquement l'avocat du diable. Cela crée des échanges tendus et compétitifs, avec gagnant et perdant. Vous ne serez guère populaire si vous ridiculisez les gens devant leurs amis.

Une écoute adéquate requiert de la pratique et de la concentration

En écoutant activement les gens, vous les encouragez à s'ouvrir davantage. En partageant l'enthousiasme de quelqu'un pour un sujet qui lui tient à coeur, vous lui donnez le "feu vert" pour aller au fond des choses. L'écoute active donne un message très positif à l'autre.

4. Recherchez des informations supplémentaires

Une fois la conversation engagée, posez quelques questions rituelles, et pratiquez l'écoute active. Ensuite, recherchez de plus amples informations en vous basant sur les renseignements déjà transmis. Vous pouvez ainsi contrôler la conversation. Posez des questions ouvertes se rapportant aux renseignements donnés soit par la personne, soit par vous-même.

Les vêtements, les traits physiques, l'attitude, le comportement, les activités d'une personne sont autant d'indices et vous renseignent aussi bien que sa conversation. N'hésitez pas à poser des questions comme: "Vous avez l'air de très bien connaître le sujet" ou encore: "Êtes-vous enseignant?", "Est-ce que c'est votre métier?"

Faites toujours suivre des questions rituelles fermées par une question rituelle ouverte, pour donner l'occasion à votre interlocuteur d'élaborer. Soyez très attentif aux détails et aux renseignements donnés afin de pouvoir orienter la conversation vers des sujets d'intérêt commun.

Lorsque vous parlez profession, ne demandez jamais un conseil gratuit. Par exemple, si vous rencontrez un dentiste, NE DITES SURTOUT PAS: "Quelle chance, j'ai justement mal à une dent. Pouvez-vous y jeter un coup d'oeil?"

Les questions personnelles

Ce sont des questions délicates qu'il faut savoir poser correctement. Il est bon de commencer par une formule de politesse du genre "Excusez-moi de vous poser cette question, mais...", "J'aimerais beaucoup savoir, si cela ne vous dérange pas..." ou encore "Ne vous sentez pas obligé de me répondre, mais..."

En posant une question personnelle de cette façon, et en observant l'attitude générale de la personne, vous saurez vite si elle désire ou non vous répondre.

Cher Gabby,

Comment faire comprendre à quelqu'un, sans le froisser, qu'il pose des questions indiscrètes?

Merci
Personne secrète

Si l'on vous pose une question que vous jugez indiscrète, dites simplement: "Je préfère ne pas répondre à cette question, si cela ne vous dérange pas." La plupart des gens accepteront ce genre de réponse et comprendront qu'ils doivent être plus discrets. Si l'on vous demande combien coûte un objet ou un vêtement que vous portez, et que vous n'ayez pas envie d'en parler, dites:"C'est un cadeau" ou "Trop cher" ou: "Pas assez".

Attention: De nombreuses personnes révèlent très vite des détails rituels comme leur métier, leur situation de famille etc. Ne soyez pas trop sur la défensive lorsqu'on vous posera des questions de cet ordre.

Si vous n'avez pas envie de répondre, c'est votre droit le plus strict. Enchaînez en posant une question rituelle à la personne.

Révélez vos espoirs, vos rêves, vos amours, vos joies et vos ennuis pour mieux vous faire connaître. Nous partageons tous ces expériences émotives fondamentales.

Évitez certains sujets

Évitez de parler de mort, de crimes sanglants, d'événements dramatiques, de commérage ou de discrimination raciale. Ne vous "soulagez pas" sur les autres. Il est préférable de ne pas dramatiser votre situation, et de ne pas attirer l'attention de votre interlocuteur sur des problèmes qu'il ne peut pas résoudre. Vous risquez de donner une impression négative à votre partenaire. Souvenez-vous qu'il vaut mieux poser des questions simples qui le mettront à l'aise, et qui vous permettront de faire tranquillement connaissance.

En posant des questions simples et variées, vous connaîtrez vite les intérêts et les goûts de votre interlocuteur. Respectez ses sentiments, et ne le soumettez pas à un "interrogatoire".

5. Révélez des détails qui vous concernent

Révéler des détails de votre vie fait partie du cycle de la conversation, au même titre que prendre des risques, poser des questions rituelles, faire de l'écoute active, et rechercher de l'information.

Laissez les autres vous connaître

En vous ouvrant ainsi aux autres, soyez positif. Parlez de tout ce qui vous tient à coeur et que vous aimeriez partager: vos intérêts, vos goûts, vos objectifs, les expériences enrichissantes de votre vie, votre métier, etc.,sans oublier votre disponibilité pour des contacts éventuels.

Dire ou ne pas dire — voilà la question

Il est positif de garder une certaine réserve lorsqu'on parle de sa vie privée ou de ses affaires. Personne ne vous tiendra rigueur de votre discrétion. Il existe des gens très secrets qui se sentent plus en sécurité en ne disant rien à personne.

On peut être secret parce que (1) on se dit que si les autres nous connaissaient intimement ils ne nous apprécieraient pas, ou moins; (2) se montrer trop familier engendre le mépris, et il est donc préférable de rester mystérieux; (3) la personne à qui l'on fait des confidences peut s'en servir à nos dépens.

Vraiment, qu'avez-vous à perdre?

Pensez aux grands secrets de votre vie. Que se passerait-il si vous en divulguiez un ou plusieurs par inadvertance? Quels risques courriez-vous alors? Des relations vraies et durables sont basées sur des confidences, et sur une confiance mutuelle. S'il est préférable de garder pour soi certains sentiments, particulièrement dans son milieu de travail, il peut être négatif d'être trop secret dans ses relations intimes. Il est vrai que certaines personnes manquent de tact et de discrétion, mais une bonne communication exige un partage et un échange de confidences.

Pour éviter d'éventuels problèmes dans ce domaine, observez bien les gens lorsqu'ils parlent d'eux. Combien de fois mettez-vous de côté vos sentiments et votre vision des choses? Prenez le risque de dire ce que vous pensez. La prochaine fois que l'on vous questionnera sur votre vie, vos sentiments ou vos idées, rappelez-vous que vous êtes libre de dire et de penser ce que vous voulez. Vous avez le droit de vous exprimer comme bon vous semble.

Quatre types de confidences

Premièrement, il y a les échanges dits superficiels, qui fournissent cependant un excellent moyen de parler de vous. Ce sont généralement les réponses que l'on fait aux questions rituelles du genre "Bonjour, comment allez-vous?" "Comment va la famille?" etc. Vous envoyez à votre interlocuteur le message que vous êtes ouvert et amical, et, si la situation le permet, que vous êtes prêt à discuter.

Après s'être salués, les gens échangent généralement des propos d'ordre personnel. Dites ce que vous faites, d'où vous venez, ce que vous aimez, ou encore parlez d'un projet ou d'une activité qui vous occupe. Ce deuxième niveau de confidence fournit une somme d'expériences et de renseignements que vos interlocuteurs pourront comparer et explorer. Vous commencez à vous connaître mutuellement.

Le troisième niveau consiste à révéler des sentiments, des goûts personnels sur des sujets divers. Vous confiez vos valeurs, vos sujets d'intérêt, vous dites en toute franchise la façon dont vous voyez le monde qui vous entoure. Exprimez vos idées ouvertement, et encouragez les autres à partager leurs opinions. Rappelez-vous que les gens ne pensent pas tous de la même façon. Avoir une conversation avec quelqu'un *ne signifie pas faire un débat* qui départagera un gagnant et un perdant. C'est un échange de vues et d'idées, pas une polémique.

Enfin, le quatrième niveau de confidence a trait à vos sentiments personnels — surtout en ce qui concerne les gens que vous connaissez et dont vous désirez vous rapprocher. Ce sont les confidences les plus difficiles à faire, car il s'agit de vos émotions. Malgré cela (et malgré certains risques), il est important de dévoiler ainsi vos sentiments les plus profonds. En parlant aux autres de vos espoirs, de vos rêves, de vos amours, de vos joies et de vos peines, vous leur permettez de s'identifier à vous, parce que nous partageons tous et toutes ces sentiments de base. Dites bien "Je" lorsque vous parlez de vous. On a trop souvent tendance à dire "Tu" ou "On", et cela peut induire la personne en erreur.

Quelques conseils pratiques à propos de la discrétion

Faites attention à ce que vous révélez

S'il n'est pas bon d'être exagérément discret, il est tout aussi néfaste de "tout dire". Nous avons tous dû faire face un jour à ce type de personne qui raconte sa vie dans les moindres détails. C'est très désagréable. Dosez les informations que vous donnez, et respectez le contexte dans lequel vous vous trouvez.

Soyez réaliste

Ne vous décrivez pas comme un être plein de qualités exceptionnelles, et dépourvu de défauts. Les gens ne seront pas dupes longtemps. Il est important d'être *soi-même*. Parfois, on mettra en doute vos paroles. Vous pouvez alors donner des détails précis, comme des noms et des lieux. Donnez une image équilibrée de vous-même. Assurez-vous que votre partenaire vous prend au sérieux.

Parlez de vos buts

Parlez des objectifs que vous vous fixez, et de vos difficultés éventuelles. Vous serez agréablement surpris de constater que les gens seront sympathiques à vos efforts, et vous encourageront. Il est même possible que l'on vous aide, et du même coup que vous aidiez les autres. L'entraide voit souvent naître des amitiés!

N'ayez pas peur de parler de vous

Ne soyez pas gêné. La plupart des gens ont envie de se faire de nouveaux amis. Pour cela, il est essentiel de faire connaître vos goûts et vos centres d'intérêt. *Ne vous sentez pas obligé de distraire votre auditoire.* Les contacts personnels sont généralement très appréciés.

Le dialogue ci-dessous illustre les quatre niveaux de confidences dont vous venons de parler.

(salutation)	D:	Bonjour Jean. Comment allez-vous?
(salutation)	J:	Bien, et vous, Daniel?
(salutation)	D:	Je suis plutôt occupé en ce moment. Je donne des cours de conversation ce soir. Et vous, que faites-vous ces temps-ci?

(donnée)	J:	Je cherche du travail. J'enseigne, moi aussi.
(donnée)	D:	Ah oui? Quoi donc?
(sentiment) *(préférence)* *(opinion)*	J:	J'ai enseigné les mathématiques et l'économie, mais j'en ai assez, maintenant. C'est tellement ennuyeux. Je ne supporte plus non plus le système public. Ça me rend fou!
(opinion)	D:	Je sais ce que vous voulez dire. J'aimais beaucoup les enfants, mais je ne pouvais plus supporter le système. Je pense que cela retarde les enfants.
(opinion)	J:	Pas seulement les enfants. J'ai l'impression que cela m'a empêché, moi aussi, de donner mon maximum, sauf lorsque j'ai entraîné l'équipe de tennis. J'adore ce sport.
(préférence)	D:	Est-ce que vous cherchez une place de professeur de tennis?
(préférence) *(sentiment)*	J:	Si j'en trouvais une, je serais aux anges. C'est vraiment ce que j'ai envie de faire, mais je ne sais pas trop comment chercher. Je sais que je pourrais faire un très bon travail si seulement on me donnait ma chance.
(opinion)	D:	Je suis sûr qu'un cours de tennis aurait beaucoup de succès. Pourquoi n'appelez-vous pas les gens du Réseau d'apprentissage. Ils seraient peut-être intéressés.
(opinion)	J:	J'essaierai peut-être. Les gens font plus attention à leur santé qu'avant. Je suis assez bon joueur. Est-ce que vous jouez aussi?

(préférence) *(sentiment)* **D:** J'ai déjà joué, et j'aime bien ça. Je m'amuse tout en faisant de l'exercice. Ce qui me manque, c'est un partenaire régulier.

(préférence) **J:** Hé, pourquoi ne jouons-nous pas ensemble? Nous pourrions passer de bons moments, et je vous donnerais des conseils.

(préférence) **D:** Excellente idée! Que diriez-vous de demain matin?

(préférence) **J:** D'accord! Rendez-vous ici à 11 heures.

(opinion) **D:** Entendu! Et bonne chance pour votre travail. Je suis sûr que vous trouverez si vous continuez à chercher.

(sentiment) **J:** Je vais appeler le Réseau d'apprentissage tout de suite. Merci pour le conseil — J'apprécie ce que vous faites. À demain!

(sentiment) **D:** D'accord! J'ai hâte de jouer.

(sentiment) **J:** Au revoir! Je vais essayer d'avoir cette place!

Chapitre 3

Comment alimenter la conversation

Certaines personnes ne savent plus quoi dire après avoir engagé la conversation.

Soutenir une conversation n'est pas difficile si l'on connaît les facteurs en cause. Comme nous l'avons vu, il est essentiel d'avoir des attitudes positives, de montrer de l'intérêt et de la curiosité, d'être amical et enthousiaste. Voici six autres trucs pour alimenter facilement une conversation.

---

1. Concentrez-vous sur la situation présente.
2. Trouvez ce qui passionne votre interlocuteur.
3. Équilibrez les échanges.
4. Parlez de sujets qui vous tiennent à coeur.
5. Changez de sujets en vous servant de renseignements d'ordre général.
6. Recherchez des expériences et des intérêts communs.

Règle n° 1: Concentrez-vous sur la situation présente

Commencez par identifier votre situation. Quelles raisons vous ont amené à l'endroit où vous êtes? Quelles activités y ont lieu? Qu'est-ce qui rend l'endroit inhabituel ou intéressant? Dans quel état d'esprit êtes-vous?

Vous pouvez engager la conversation, en faisant des commentaires sur la situation, et en posant des questions.

Intéressez-vous à votre entourage — Ne restez pas centré sur vous-même

Bien des gens ayant du mal à s'exprimer ont la fâcheuse tendance de s'auto-examiner au lieu d'observer ce qui les entoure. Ils se demandent ce que les autres pensent d'eux, si on les aime, si on les trouve intelligents ou non, attirants ou non. Ce "nombrilisme" est une barrière à la communication. Par contre, dès que l'on se met à regarder autour de soi, on voit la richesse des gens, des situations, et cela fournit un matériel considérable pour engager et alimenter la conversation. De plus, en s'ouvrant aux autres, on se sent plus à l'aise et plus naturel.

La conversation: comme les ondes qui se propagent...

En partant d'un point donné — votre environnement immédiat — vous pouvez élargir la conversation. Supposons que vous suiviez des cours pour adultes. Votre environnement est la salle de classe. Après avoir parlé des cours, parlez de l'école ou du voisinage. Mettez l'accent sur les divers éléments de votre "cercle", les autres classes, le campus, les restaurants du quartier, les cinémas, les clubs, etc. Parlez de l'endroit où vous habitez, du trajet que vous suivez pour aller à vos cours, des endroits que vous aimez bien, de la ville, etc. Les sujets sont innombrables, vous avez l'embarras du choix.

Supposons que vous vous trouviez dans le club d'éducation physique où vous venez de vous inscrire. Vous attendez votre tour, et devant vous se trouve une ravissante jeune femme. Vous pouvez engager la conversation en lui demandant ce qu'elle espère retirer des cours qu'elle vient suivre. Regardez la personne, souriez-lui, dites-lui bonjour et dites quelque chose ayant trait à votre environnement immédiat. N'oubliez pas de parler de vos propres objectifs. Voici à quoi pourrait ressembler le dialogue:

Paul: Salut! Est-ce que vous vous inscrivez au cours de racketball?

Marie: Oh oui! Cela fait très longtemps que j'en avais envie — et voilà, c'est fait! Et vous?

Paul: Moi aussi! Cela fait des mois que je veux m'inscrire à ce club. Je passe devant en voiture chaque matin en allant travailler. Est-ce que vous y avez déjà suivi des cours?

Marie: Oui, j'ai pris des cours de natation l'été dernier, et j'ai beaucoup aimé. Les moniteurs sont vraiment bien, et j'ai rencontré une foule de gens intéressants — sans oublier que maintenant, je sais nager!

Paul: Je suis content que vous me disiez cela. J'ai vraiment hâte de suivre ces cours de racketball. Au fait, je m'appelle Paul.

Marie: Enchantée. Je m'appelle Marie. Est-ce que vous avez déjà joué au racketball?

Paul: Pas vraiment. J'ai déjà fait un peu de tennis, et un peu de squash. J'aime les sports de raquette. Je me cherche aussi un partenaire régulier, et j'ai pensé que j'en trouverais facilement un ici. Et vous, comment avez-vous choisi ce sport?

Marie: Une amie m'a dit que c'était assez facile à apprendre, et que c'était en excellent exercice. J'ai aussi envie de rencontrer de nouvelles personnes, alors voilà! J'ai l'impression que je vais bien m'amuser.

Paul: Est-ce que vous savez si on mange bien à la cafétéria? J'ai toujours une faim de loup après avoir fait du sport.

Marie: J'ai entendu dire que c'était très bon, mais je n'ai jamais essayé.

Paul: Bon. Si vous voulez, nous pourrions manger une bouchée après la classe. Je vous invite!

Marie: D'accord! C'est une très bonne idée! Je vous attendrai dans la salle.

Paul: D'accord! À tout à l'heure!

Au cours de cette conversation, Paul et Marie ont parlé des raisons qui les amenaient à suivre ce cours, de leurs expériences précédentes, des moniteurs, de la nourriture de la cafétéria, et enfin de se rencontrer après le cours pour prendre un verre ensemble. Voici quelques autres questions ou commentaires qui auraient pu alimenter la conversation:

Que pensez-vous des installations du club?
Depuis quand connaissez-vous ce club?
Quelles sont les autres activités offertes?
Est-ce que vous habitez dans le quartier?
Où travaillez-vous?
Est-ce que vous connaissez de bons restaurants dans le quartier?
Avez-vous des partenaires pour le racketball?
Quel métier faites-vous?
Quels sont vos loisirs?
Est-ce que vous aimeriez que nous jouions ensemble?
Est-ce que je peux vous raccompagner chez vous en voiture?

Règle n° 2: Trouvez ce qui passionne votre interlocuteur

Les points sensibles

Dans son livre *Comment se faire des amis et influencer les gens*, Dale Carnegie écrit que lorsqu'on trouve ce qui passionne une personne, on n'a pas de problèmes à engager et soutenir la conversation avec elle. Il s'agit de sujets qui passionnent et dont il est possible de parler pendant des heures. Il peut s'agir d'un travail, d'un violon d'Ingres, d'une carrière, d'un voyage, d'une activité sportive, d'une cause sociale, et même de sexualité!

Il est important de trouver les passions des gens dès que possible, car ce sont des sujets de conversation "en or". Les conversations s'en trouveront enrichies et stimulées — et vous découvrirez peut-être que vous vous passionnez pour les mêmes choses que votre partenaire.

Les questions rituelles peuvent vous aider à découvrir quelles sont les valeurs d'une personne.

De plus, cherchez à connaître les buts que se fixe la personne, ses expériences et ses idées. En parlant, vous découvrirez la personnalité de votre partenaire, qui deviendra peut-être un ami.

Comment découvrir ce qui passionne les gens

Il est faux de croire que les gens ont des intérêts qu'ils sont les seuls à partager. En réalité, beaucoup de gens ont des passions communes, des expériences et des rêves semblables. Il s'agit de les découvrir.

Commencez par poser des questions rituelles. Dès que vous sentirez que votre partenaire semble "accroché", témoignez-lui votre intérêt. Ainsi, vous donnez à la personne l'occasion de partager quelques aspects importants de sa vie, et vous la disposez favorablement à votre égard.

Les objets que les gens portent sont souvent révélateurs: raquettes de tennis, livres, bijoux, vêtements. Surveillez aussi les activités qui les intéressent et qui leur procurent du plaisir.

Il arrive souvent qu'une personne révèle une de ses passions par une phrase "iceberg". Elle attend que vous lui posiez des questions. Écoutez attentivement les renseignements qu'elle révélera, et posez des questions pour l'encourager. Dites, par exemple: "C'est un sujet qui m'a toujours fasciné. Comment avez-vous commencé?"

Ces indices peuvent vous aider, mais la façon la plus directe consiste à poser des questions rituelles suivies de phrases comme: "Que faites-vous lorsque vous êtes en congé?", "Qu'est-ce qui vous amuse le plus?", ou encore: "Quels sont vos loisirs préférés?"

Comment révéler aux autres ce qui vous passionne

Une bonne conversation doit être équilibrée: il ne suffit donc pas de connaître votre interlocuteur, il faut aussi que vous vous fassiez connaître.

Faites un inventaire de vos projets, de vos plans d'avenir, de vos goûts et parlez-en à ceux qui vous entourent. En partageant vos intérêts, soyez aussi précis que possible. Donnez des exemples, des dates, des endroits qui fourniront à votre interlocuteur la matière nécessaire à d'autres questions. Parlez avec enthousiasme, mais évitez de monopoliser la conversation.

N'employez pas de termes techniques compliqués, du moins au début. Communiquez plutôt les raisons personnelles qui font que vous aimez tel ou tel sujet. Puis laissez la parole à l'autre.

Recherchez des intérêts communs

De nombreuses personnes sont agréablement surprises de constater que l'on partage avec elles certains intérêts. Plus vous aurez de sujets en commun, plus la conversation sera riche et agréable.

Rappelez-vous que la conversation est un véhicule très large. Elle permet de "voyager" en paroles et vous fait profiter de tas d'expériences. Gardez à l'esprit le conseil de Dale Carnegie, trouvez ce qui intéresse vraiment les gens, et encouragez-les à en parler.

Règle n° 3: Équilibrez les échanges

Une bonne conversation est, comme nous l'avons vu, un dialogue où les participants parlent et écoutent à tour de rôle. C'est un véritable échange de questions, de réponses et d'opinions. Ainsi, l'équilibre est respecté.

Soyez le premier à "lancer la balle" après avoir exposé vos idées de manière simple et concise. Autrement dit, annoncez la couleur, laissez s'exprimer votre partenaire, rajoutez des précisions si nécessaire, sans toutefois vous perdre dans des détails superflus et ennuyeux. Les échanges d'idées, de renseignements, d'opinions doivent se faire au même rythme de part et d'autre; ainsi les partenaires apprennent à se connaître petit à petit. Si la conversation est active, elle véhiculera un grand nombre d'informations.

En parlant, on arrive à connaître les autres et on suscite la confiance et les confidences. Il arrive que les personnes qui "écoutent bien" aient de la difficulté à se confier. Elles se disent que personne n'a vraiment envie de savoir d'où elles viennent, ce qu'elles font, ou ce qu'elles ont fait. Elles ont peur d'ennuyer leur entourage. C'est une erreur, car pour que l'échange soit bon, il faut savoir écouter, et parler.

Une conversation déséquilibrée est frustrante pour les deux personnes. Celle qui parle se dit qu'elle fait tous les efforts, celle qui écoute pense qu'on ne la respecte pas.

Plus les échanges sont équilibrés, plus il est facile de développer une bonne relation.

Règle n° 4: Parlez de sujets qui vous tiennent à coeur

Il est essentiel de faire savoir aux autres ce qui compte pour vous. Prenez l'initiative de révéler vos valeurs en discutant des sujets qui vous tiennent à coeur.

Ainsi, votre interlocuteur peut se faire une idée de votre personnalité, et puiser par la suite dans le matériel que vous lui fournissez.

À quoi réagissez-vous habituellement? Quels sont vos intérêts? De quelle façon envisagez-vous l'avenir? Quelles sont vos préférences? En répondant à ces questions, vous dites aux autres la façon dont vous communiquez avec le monde qui vous entoure.

Les questions rituelles sont un tremplin aux sentiments et aux pensées plus intimes, et il ne faut pas les négliger.

La conversation est souvent une sorte de révélateur de soi-même. Elle permet aux gens de formuler leurs idées et de les développer, de les ordonner devant quelqu'un d'autre. Il faut rester ouvert à la discussion, et bien faire sentir aux participants qu'ils ont droit à leurs convictions. Soyez réceptif aux points de vue des autres, et sachez écouter attentivement. Lorsque ce sera votre tour de parler, on sera plus réceptif et plus ouvert à vos idées.

Attention: en disant ce qui est important pour vous, ne tombez pas dans l'excès. Ne dites pas tout, et ne vous plaignez pas de situations auxquelles ni vous ni votre partenaire ne peuvent rien changer. Ne divulguez pas vos secrets, du moins pas au début. Le temps viendra où vous pourrez le faire plus facilement.

Règle n° 5: Changez de sujets en vous servant de renseignements d'ordre général

Le fait de changer de sujets est sans doute la façon la plus facile d'entretenir une conversation. Les conversations intéressantes sont celles où s'entremêlent toutes sortes d'idées et il est normal de sauter d'un sujet à l'autre.

Cher Gabby,

Je dois déjeuner avec un client, et je ne veux pas parler affaires avec lui pendant le repas. Comment avoir une conversation intéressante et naturelle?

Merci
Une personne intéressée

Il est toujours utile de connaître les intérêts de votre client. Vous pouvez vous renseigner au préalable, ou glaner des informations en écoutant attentivement la personne vous parler. La préparation est souvent déterminante. Si vous réussissez à trouver quels sont les intérêts de votre client, vous avez de bonnes chances de conclure une affaire. En vous asseyant, dites simplement: "Je me suis laissé dire que vous étiez un bon horticulteur. Depuis combien de temps vous intéressez-vous aux fleurs?" ou encore: "J'ai lu un de vos articles dans un magazine. Je l'ai trouvé très intéressant. Puis-je vous demander un conseil?"

Si vous n'avez pas pu obtenir de renseignements préalables, soyez particulièrement attentif à l'information que l'on vous donnera. La personne peut mentionner en passant qu'elle s'est rendue à Hawaï pour une conférence. Ce à quoi vous pouvez rétorquer: "Vous avez parlé d'Hawaï tout à l'heure, que pensez-vous des îles?" ou encore: "Y êtes-vous allé souvent?", "Quelle est l'île que vous préférez?"

Donnez, vous aussi, de nombreux renseignements personnels tout au long de la conversation. Changez de sujet lorsque le besoin s'en fait sentir, en vous servant de l'information déjà donnée, ou en introduisant de nouvelles données. Dites par exemple: "C'est drôle que vous parliez de voile, car c'est un de mes hobbies préférés. En fait, je reviens d'un voyage de deux semaines sur la Côte. C'était superbe!"

Référez-vous à l'information déjà donnée: "Vous disiez tout à l'heure..."

La façon la plus simple de changer de sujet est de reprendre une phrase mentionnée au préalable, et de la commenter ou de poser une question rituelle s'y rattachant. Exemple: "Tout à l'heure vous avez parlé d'Hawaï. Faisiez-vous un voyage d'affaires ou d'agrément?" Soyez toujours attentif et mémorisez l'information donnée. Elle vous fournira le matériel voulu pour alimenter la conversation. Une autre méthode consiste à introduire une question rituelle ouverte, basée sur l'information donnée par votre interlocuteur ou par vous-même.

Parfois on désire changer de sujet pour un bref instant. Il suffit de dire: "Excusez-moi, j'aimerais faire une petite parenthèse." Soyez bref, et reprenez la discussion.

Veillez à ne pas vous éloigner du sujet, sinon, votre interlocuteur aura l'impression que vous ne pouvez pas (ou ne voulez pas) discuter sérieusement, et que vous essayez d'éviter un sujet. En étant flou, vous indiquez aussi que vous n'écoutez pas vraiment ce qu'on vous dit, ou que cela vous ennuie — ce qui peut être parfaitement exact! Si votre partenaire répond évasivement, c'est qu'il n'a pas envie de discuter le sujet, pour telle ou telle raison. Soyez sensible à ce type de réaction, et changez de sujet rapidement.

Changeons de sujet!

Il arrive que, lors d'un cocktail ou d'une fête quelconque, une personne aborde des sujets de mauvais goût, ou déplacés. Par exemple, si quelqu'un fait une blague raciste dans l'intention de faire rire les invités, ou pour attirer l'attention, vous pouvez manifester votre désaccord. Dites le plus calmement possible: "Je ne suis pas d'accord avec ça." ou: "Je suis sûr qu'il y a des sujets de conversation plus agréables.", ou encore: "Je vous pardonne de m'avoir posé cette question, si vous me pardonnez de ne pas y répondre."

Vous suggérez ainsi que l'on change de sujet. À vous de le faire, en saisissant la balle au bond, et en procédant comme nous l'avons vu précédemment. Les participants vous en sauront gré!

Recherchez les mots clés, les détails, les faits — et souvenez-vous-en!

Écoutez attentivement les faits, les détails ou les mots clés que vous révèle votre interlocuteur, et utilisez-les au cours de la conversation. Vous montrez ainsi que vous êtes intéressé par ce qui se dit. Il est possible d'orienter la conversation en jouant de ces informations.

Règle n° 6: Recherchez des expériences et des intérêts communs

Que se passe-t-il lorsque vous aimez vraiment une personne? Vous vous dites: "Elle et moi avons beaucoup de choses en commun. Je peux m'identifier à ses sentiments et à ses émotions. Nous nous amusons bien ensembie. Nous nous entendons bien. Je me sens moi-même en sa compagnie. Cette personne m'écoute et me comprend."

Il est important de faire savoir à votre partenaire que vous êtes sur la même longueur d'ondes que lui. Par exemple, s'il est question du récent voyage d'un ami dans une région que vous connaissez, ou que vous aimeriez connaître, réagissez en posant des questions ou en faisant des commentaires opportuns, comme: "J'ai vécu là-bas il y a quelques années" ou: "Je suis allé à l'école dans cette ville", "J'aimerais beaucoup connaître cet endroit."

Ce genre d'intervention fournit une information directe, et signale à votre interlocuteur que vous suivez ce qu'il dit.

Adoptez une attitude ouverte et attentive, et il comprendra qu'il peut continuer sur le même sujet. Ainsi, il est possible d'identifier certaines expériences ou certains goûts communs, et de rendre la conversation très enrichissante pour les deux parties.

Montrez votre intérêt par des exclamations telles que: "Oh, vraiment! Moi aussi!" ou: "C'est bien la première fois que je rencontre quelqu'un qui a la même passion que moi!"

Il se crée une sorte de pont entre la personne et vous; plus vous en construisez, plus vous pouvez échanger.

La conversation sert principalement à discuter de sujets très différents dans le but de trouver un terrain commun. C'est en parlant que l'on s'aperçoit si l'on a envie ou non d'approfondir une relation. Le cas échéant, vous reverrez la personne, car vous aurez des intérêts à partager ensemble. N'hésitez pas à indiquer ces convergences à votre interlocuteur. Cela créera un climat familier d'où naissent souvent des relations amicales.

Chapitre 4

Faites passer vos idées

Il n'est pas toujours facile de faire passer ses idées. Tout d'abord, les gens ont une *résistance au changement.* Ils ont leurs habitudes, leur manière de penser et d'agir. Le changement, la nouveauté sont souvent perçus comme insécurisants. Certaines personnes pensent qu'en restant méfiantes, elles éviteront que l'on profite d'elles.

Il est parfois complexe de communiquer, parce que la personne à qui l'on parle n'écoute pas ce qu'on lui dit, trop occupée qu'elle est à suivre ses propres pensées. Elle posera des questions superflues, fera des commentaires inadéquats, soulèvera des points déjà discutés. Autant de signes que la personne n'est pas sur la même longueur d'ondes que vous, et n'est pas intéressée à adopter ou à prendre en considération votre point de vue.

Enfin, certaines personnes *entendent ce qu'elles veulent entendre.* Autrement dit, vos paroles sont interprétées. Votre interlocuteur tire des conclusions erronées, et ne tient en fait pas compte de ce que vous lui dites vraiment.

Il arrive enfin que l'on ait des *idées préconçues*: on pense que les autres comprennent ce qui nous semble évident, alors que ce n'est pas le cas. La méprise est souvent accentuée par le fait que l'interlocuteur garde le silence, ou hoche la tête.

Lorsqu'enfin vous vous rendez compte du quiproquo, vous vous trouvez dans une situation souvent embarrassante.

Certaines personnes *secrètes de nature* voient d'un très mauvais oeil les questions ou la curiosité d'autrui. Pour se protéger, elles sont souvent sur la défensive et inamicales.

Nous avons tous nos secrets. Plus une personne est secrète, moins elle est réceptive à la persuasion ou aux influences extérieures. Il est difficile de faire passer ses idées chez des gens qui ne dévoilent pas ce qu'ils ont en tête.

S'ouvrir à la communication

Encourager la coopération et la réceptivité

Il existe des façons positives de présenter vos idées aux autres. Encouragez toujours la coopération et la réceptivité en *révélant à votre interlocuteur le but de votre conversation.* "Je vous appelle pour...", "Je viens d'emménager dans le quartier. Pouvez-vous m'indiquer un bon restaurant?", "J'ai toujours voulu faire ça. Pouvez-vous me montrer?", "Je pars bientôt pour ce pays. Savez-vous si..." ou encore' "J'aimerais vous parler de..." Ce genre de phrase crée un climat de confiance, sentiment nécessaire au dialogue.

Ainsi, lorsque vous posez une question à quelqu'un, dites toujours pourquoi vous le faites. Sinon, l'autre peut se sentir mal à l'aise ou soupçonneux. Il peut croire que vous mettez en doute ses paroles.

Un autre point essentiel est le *respect d'autrui.* Bon nombre de nos sentiments et de nos penchants se transmettent de façon non verbale. La façon dont nous écoutons les autres est très révélatrice. Lorsqu'une personne sent que l'on fait attention à elle, elle est plus encline à faire des confidences. En vous intéressant à l'autre, vous lui faites un compliment. *En respectant les sentiments d'autrui*, vous favorisez la coopération et l'écoute mutuelle.

Posez-vous ces quelques questions:

"Quelle réaction mes paroles vont-elles provoquer?"
"Mon interlocuteur sera-t-il flatté ou au contraire irrité par ce que je lui dis?"

En respectant le point de vue de l'autre, vous projetez votre propre réceptivité. Cette attitude met les gens en confiance et ouvre les portes de la communication, et elle rend aussi plus conscient du sens de la conversation.

Il arrive que certains commentaires soient faits mal à propos. Tâchez de trouver ce qui motive votre interlocuteur. Ne rejetez pas d'emblée des idées qui vous semblent en dehors du sujet. En acceptant ce que l'on vous dit, vous permettez à la discussion de s'élargir. Votre interlocuteur se sent encouragé par votre écoute, car il comprend que vous jugez que ses idées sont aussi importantes que les vôtres.

Chapitre 5

Comment clore naturellement la conversation

Toute conversation a une fin. Nous allons voir ici quel est le "bon moment" pour clore une conversation sur une note positive.

Le "bon moment"

Il est bon d'être conscient de la dynamique inhérente à toute discussion, quelle que soit sa durée ou sa nature. Si vous attendez trop longtemps, vous risquez, de même que votre partenaire, de vous sentir mal à l'aise, inquiet, ou franchement ennuyé.

Si vous vous sentez inquiet, particulièrement lorsque le silence s'installe, vous risquez de mettre un terme à la conversation d'une façon sèche, votre interlocuteur aura ainsi l'impression que vous n'appréciez ni sa conversation, ni sa personne.

Il est préférable de terminer une conversation lorsque les deux parties ont exprimé leurs sentiments, et lorsque vous sentez que le moment est opportun.

Il est important de se quitter sur une note chaleureuse et positive.

Comment clore une conversation de manière positive

Profitez des moments de pause pour terminer une conversation.

Le moment venu — vous n'avez plus rien à ajouter, ou vous devez vous en aller — prenez l'initiative en lançant les signaux voulus. Faites un résumé des idées exprimées par votre interlocuteur; vous lui montrez ainsi que vous avez écouté et compris ce qu'il vous disait, et vous lui signifiez que la conversation touche à sa fin.

Dites par exemple: "Vous avez l'air très documenté sur le sujet. Je lirai l'article dont vous m'avez parlé."

Ensuite, fixez une prochaine rencontre si vous le désirez, en prenant tout de suite rendez-vous. Au lieu de lancer: "Il faut que nous nous revoyions", soyez précis. Proposez une sortie spécifique: cinéma, restaurant, ainsi qu'une date assez rapprochée.

Dites par exemple: "J'ai été très heureux de vous parler, ________. Que diriez-vous si nous allions au cinéma ou au restaurant la semaine prochaine? Je vous appellerai."

Vous exprimez ainsi l'intérêt que vous portez à votre partenaire, tout en laissant une invitation ouverte. C'est une façon très efficace d'alimenter et de développer des relations et des amitiés.

N'oubliez pas de mentionner le nom de la personne en lui disant au revoir. Regardez-la, souriez-lui et donnez-lui une bonne poignée de main avant de la quitter. Évitez les adieux qui s'éternisent.

Comment se tirer d'un mauvais pas

Que faire lorsque le tour que prend la conversation vous déplaît, ou que vous vous trouvez en présence d'un importun? Essayez ces quelques trucs:

Profitez d'une courte pause, pour lancer quelques interjections courtes et rapides qui vous permettent de prendre en main la conversation. (Souvenez-vous que le fait de poser des questions permet de diriger la conversation.) Ensuite, reformulez en quelques phrases — que vous tâcherez de rendre positives — ce que vient de dire la personne, et préparez votre "sortie". Vous pouvez dire: "Vous aimez vraiment votre travail, n'est-ce-pas? Bonne chance dans vos projets. Je vais dire bonjour à un de mes amis." Ou encore: "Je vais me chercher quelques hors-d'oeuvre, excusez-moi." Souriez, tendez la main, et dites: "Je vous revois tout à l'heure, Claude." et éloignez-vous.

Vous avez peur de ne connaître personne d'autre à ce cocktail, peur aussi de vexer la personne que vous venez de quitter? Essayez ceci: allez remplir votre verre, prenez une bouchée, changez de pièce, et prenez quelques minutes pour revoir la situation. Cherchez le groupe ou la personne qui semble le plus ouvert, joignez-vous-y et entrez directement dans la discussion.

Que faire en présence d'une personne qui se plaint

Le plaintif parle généralement de ses problèmes, de son malheur, de maladie, et autres désagréments. C'est souvent un appel à la sympathie. Il est très désagréable d'avoir à faire à ce type d'individu. Laissez-lui donner quelques détails, posez-lui deux ou trois questions rapides qui couperont court à ses doléances et vous permettront de conclure.

Ajoutez quelques mots de sympathie comme: "Vous traversez une passe difficile." ou encore: "Je suis désolé d'apprendre tout cela." Ces marques d'attention diront à la personne que vous l'avez écoutée et que vous compatissez à ses problèmes. Vous pouvez aussi tenter de lui remonter le moral en disant d'un ton humoristique: "Est-ce vraiment aussi terrible que cela?" et en faisant un large sourire.

Il n'est pas interdit non plus de donner quelques conseils ou de glisser quelques phrases d'encouragement: "Continuez dans ce sens. Vous verrez que tout finira par s'arranger." ou encore: "Si cela peut vous aider, je puis vous affirmer que vous n'êtes pas le seul dans cette situation." Concluez en disant: "J'espère que les choses s'arrangeront." Souriez, donnez une chaleureuse poignée de main et annoncez: "Je vais dire bonjour à un de mes amis." Éloignez-vous rapidement après avoir dit au revoir à la personne en l'appelant par son nom. Ne vous culpabilisez pas, et ne faites pas des adieux prolongés.

Soyez ferme avec les manipulateurs

Il nous est tous arrivé de tomber sur une personne manipulatrice qui essaie de nous faire agir contre notre gré. Il peut s'agir d'un vendeur, ou d'un patron qui veut que nous travaillions le soir pour la cinquième fois de la semaine parce qu'il en a décidé ainsi. Dans des cas semblables, il s'agit de terminer la conversation d'une manière positive tout en faisant ce que nous voulons.

Si vous êtes aux prises avec un vendeur insistant, dites: "J'apprécie votre enthousiasme, mais il est inutile que vous perdiez votre temps. Je ne suis pas intéressé. Merci quand même." Si le vendeur revient à la charge, reformulez calmement votre réponse: "Je ne suis pas intéressé." Répétez la phrase aussi souvent qu'il le faudra. Cette technique dite du "disque rayé" est très efficace, car elle vous permet de vous tirer d'affaire sans provoquer de conflits.

Prenons maintenant l'exemple du patron qui demande à une employée de faire des heures supplémentaires. Il est important de terminer la conversation sur une note positive, en montrant bien que vous ferez ce que *vous* avez envie de faire, et en conservant votre emploi! Commencez par annoncer fermement vos intentions, en faisant comprendre à votre patron que vous sympathisez avec son problème. Voici à quoi pourrait ressembler ce dialogue:

Patron: Jeanne, Claude ne rentrera pas aujourd'hui, il va donc falloir que vous restiez travailler toute la soirée de demain pour finir ces rapports.

Jeanne: M. Duval, c'est impossible. J'ai prévu quelque chose juste après mon travail, et je ne peux pas me décommander.

Patron: Eh bien! vous n'avez qu'à changer vos projets, ou arriver en retard. Le bureau central veut ces rapports après-demain, sinon cela me coûtera cher.

Jeanne: J'aimerais vous être utile, M. Duval, mais je ne pourrai pas travailler tard demain soir.

Patron: J'ai toujours pu compter sur vous, et vous me laissez tomber. Vous me mettez vraiment dans une situation difficile!

Jeanne: Je comprends ce que vous ressentez, mais je ne serai pas libre. Voilà des semaines que je planifie cette sortie, et si je la manque, je serai vraiment malheureuse.

Patron: Mais qui va finir ces rapports?

Jeanne: Je ne sais pas, mais je suis sûre que vous trouverez une solution.

Patron: Je ne crois pas que Claude pourra venir mardi. J'aimerais que vous la remplaciez ce jour-là aussi.

Jeanne: Connaissant Claude, vous avez sans doute raison. Mais je ne pourrai pas travailler tard mardi non plus.

Patron: Jeanne, je suis très déçu. Vous avez toujours pu me dépanner dans le passé.

Jeanne: C'est vrai, M. Duval, mais je ne pourrai pas faire d'heures supplémentaires cette semaine. Avez-vous demandé à Georges? Je sais qu'il désire faire du travail supplémentaire. Il peut peut-être vous aider.

Patron: Georges? C'est une idée. C'est peut-être la solution à mon problème.

Jeanne: Bon. Je suis sûre que Georges serait très heureux de faire ce travail.

Patron: Très bien Jeanne, merci. Et amusez-vous bien.

Jeanne: Merci M. Duval.

Au cours de cette conversation, Jeanne a reformulé ses intentions en termes positifs (technique du disque rayé), a montré sa sympathie et a offert une solution ou un compromis. En ne réagissant pas de manière agressive, Jeanne a réussi à faire respecter son idée tout en aidant son patron à régler son problème de personnel.

En résumé, voici ce que vous devez faire en terminant une conversation:

- Essayez toujours de terminer la conversation sur une note amicale et positive. Ainsi, votre interlocuteur se sent à l'aise.
- Appelez la personne par son nom, faites un compliment du genre: "J'ai beaucoup aimé parler avec vous." et dites au revoir en serrant la main ou en embrassant la personne.
- Tâchez de revoir la personne et de sortir avec elle. Le rendez-vous ne doit pas être trop éloigné dans le temps — une huitaine de jours, au plus. Dites: "J'ai hâte de vous revoir."
- Dites d'un ton ferme à votre partenaire que vous avez apprécié la conversation, et que vous allez bavarder avec quelqu'un d'autre, prendre un verre, dire bonjour à un ami, etc. — et faites-le.
- N'éternisez pas les au revoir. Soyez chaleureux et amical.

Quelques suggestions pour améliorer la conversation

Chapitre 6

Comment mémoriser les noms

Il est très fréquent d'oublier le nom des gens. Voici quelques situations, parmi les plus courantes. Vous parlez à quelqu'un que vous avez déjà rencontré, et vous ne vous souvenez pas de son nom. Vous présentez des amis communs, et leur nom vous échappe. Vous allez à une réception, on vous présente à quelqu'un, et quelques secondes plus tard, vous êtes incapable de vous souvenir de son nom. Vous rencontrez un client, et son nom vous échappe au moment de le présenter à votre patron. Pour ne pas se trouver dans ce genre de situation, on évite parfois de parler à des gens, de peur de les vexer.

Cultiver sa mémoire

Au lieu d'essayer de remédier à la situation, la plupart des gens se contentent de dire: "Je n'ai jamais eu la mémoire des noms." Il est en fait possible de cultiver sa mémoire en appliquant certaines techniques, et en s'exerçant régulièrement.

Les gens sont touchés si l'on retient leur nom

La personne que l'on appelle par son nom se sent importante. Ce détail ajoute beaucoup de chaleur et d'amitié à la conversation, et prépare positivement des rencontres ultérieures.

Pourquoi on oublie les noms

La première raison en est une d'*interposition*. On entend par là toute activité mentale ou physique qui empêche une personne de se concentrer lors des présentations. Nos inhibitions mentales viennent en première place. Bien des gens sont distraits lorsqu'on les présente à quelqu'un. Ils pensent à toutes sortes de choses — leur apparence, ce que les autres penseront d'eux, etc. Il en résulte un véritable blocage.

Des études démontrent que l'on a tendance à oublier une information très peu de temps après l'avoir entendue. C'est ce qui explique que l'on oublie presque instantanément de nouveaux noms. L'état mental dans lequel on se trouve au moment où l'on nous présente quelqu'un joue un grand rôle dans la qualité de notre écoute, et dans notre capacité de mémorisation. Il est très difficile, voire impossible de retenir un nom si l'on est énervé, distrait, anxieux, gêné ou sur la défensive.

Comment se débarrasser de ses blocages — ne pensez pas, écoutez!

Au lieu d'écouter attentivement et de mémoriser le nom de la personne que l'on a en face de soi, on pense trop souvent à ce que l'on va dire. Ce manque d'attention donne automatiquement naissance à un sentiment d'appréhension qui se répercute sur la conversation. L'échange est souvent court et non satisfaisant. En réalité, si l'on ne retient pas les noms, c'est parce qu'on ne les apprend pas.

Soyez très attentif lorsqu'on vous présente quelqu'un — répétez son nom

Faites comprendre à la personne que vous jugez important de retenir son nom. Soyez attentif, regardez votre interlocuteur dans les yeux, souriez amicalement, et donnez une bonne poignée de main. Lorsque la personne se présente, dites: "Enchanté de faire votre connaissance, ________."

Si vous n'avez pas entendu son nom dites simplement: "Excusez-moi, je n'ai pas compris. Comment vous appelez-vous?" N'oubliez pas de répéter le nom pour être sûr de ne pas faire erreur. Si vous n'avez toujours pas compris, demandez à la personne d'épeler son nom. Cette méthode s'avère très efficace lorsqu'il s'agit de noms étrangers ou inusités. Une fois que vous aurez compris, répétez le nom plusieurs fois — dans votre tête — et utilisez-le fréquemment au cours de la conversation.

Représentez-vous le moment où se font les présentations

Ce moyen mnémotechnique consiste à remarquer tous les détails de la situation dans laquelle vous vous trouvez. Vous devez voir clairement votre interlocuteur en même temps que vous vous "représentez" son nom. Vous pouvez imaginer son nom inscrit sur son front. Observez attentivement les yeux et les lèvres de votre interlocuteur. Les traits physiques, les expressions du visage, les tics, l'attidude, le ton de la voix ou l'habillement sont autant d'éléments qui caractérisent la personne et la rendent unique à vos yeux.

Associez le nom à un trait frappant

M. Laliberté peut avoir l'air libéré, tandis que Mme Laverdure peut avoir de grands yeux verts. Servez-vous de toutes les associations "directes" entre le nom de la personne et ses traits propres. S'il n'existe pas de lien évident, servez-vous de votre imagination et inventez des associations.

Partez de certains traits spécifiques. Supposons que vous soyez en présence d'un monsieur Robinson. Vous remarquez sa barbe et son air maigre. Vous pensez à Robinson Crusoé. Lorsque vous rencontrerez cette personne, l'association d'idées vous viendra immédiatement, et vous vous souviendrez de son nom. Lorsqu'on vous présente à quelqu'un, vous avez généralement suffisamment le temps d'observer les traits ou les détails frappants de la personne, et de former immédiatement des associations d'idées. Soyez très attentif, décontractez-vous, et les idées vous viendront rapidement. Avec de la pratique, les associations se feront automatiquement.

Chaque nom contient ses indices propres

Un indice, c'est ce que vous pouvez associer facilement au nom d'une personne pour vous aider à retenir une partie ou le tout de ce nom. Si vous rencontrez un M. Griset, qui a des cheveux gris, l'association se fera chaque fois que vous reverrez la personne. Vous pouvez aussi associer le nom au complet *gris* qu'elle porte, ou à sa voix *grave.*

Nos inhibitions ne doivent pas empêcher les premières associations d'idées

Il est fréquent que les associations d'idées que l'on fait à partir du nom des gens ne soient guère flatteuses. Elles sont souvent même grossières et insultantes. Notre subconscient refuse généralement ces premières associations. On se sent coupable, et on cherche une idée plus positive. Ce faisant, on perd l'occasion de retenir le nom.

N'oubliez pas qu'il s'agit là de moyens mnémotechniques qui n'ont rien à voir avec ce que vous pensez des gens, mais qui vous aident à retenir leur nom. Tout ce qui compte pour la personne, c'est que vous n'oubliiez pas comment elle s'appelle.

Autre méthode: choisir et isoler un trait particulier

Observez la personne qui est en face de vous. Isolez une caractéristique, et associez-la avec le tout ou une partie du nom. Exemple: nom: Alain Champion, caractéristique: des bras musclés. Imaginez la personne se battre et gagner. Avec de la pratique, vous n'aurez besoin que d'une ou deux associations de ce type pour retenir le nom au complet. Rappelez-vous: si le nom ne vous revient pas tout de suite, reportez-vous au moment des présentations, et "repassez" la séquence plusieurs fois.

Comment retenir une longue série de noms

Il vous est sans doute déjà arrivé d'être présenté à une foule de gens, les uns après les autres. Comment retenir leurs noms? En formant là encore des associations d'idées. La rapidité avec laquelle les associations d'idées surgissent dans le cerveau peut être surprenante. L'imagination et la confiance en soi s'acquièrent avec la pratique; et surtout, ces atouts se développent avec l'expérience.

Mettez l'accent sur les prénoms usuels

Pensez à tous les Robert, Alain, Jean, Pierre, à toutes les Marie, Catherine, Anne que vous avez connus jusqu'à présent. Lorsque vous rencontrez un groupe important, plusieurs personnes auront le même prénom que vos connaissances.

Associez la "nouvelle Marie" à l'"ancienne Marie"

Vous rencontrez quelqu'un qui porte un prénom très répandu. Pensez à un ou une de vos amis portant le même nom, et faites des associations. Choisissez la *première* personne qui vous vient à l'esprit, et demandez-vous quelles sont les ressemblances entre, par exemple "la nouvelle Marie" et l'"ancienne". Comparez leur physique, leurs attitudes, etc. La nouvelle Marie est-elle plus grande ou plus petite? Imaginez les deux personnes l'une à côté de l'autre. Servez-vous de votre sens de l'observation. Fixez votre attention sur la personne tout en choisissant un trait qui vous aidera à retenir son nom.

Répétez les noms à haute voix

Lorsqu'on vous présente à un groupe, répétez les noms à haute voix. La personne sera flattée que vous vous intéressiez à son nom, et vous saurez immédiatement si vous avez bien compris son nom; cela renforcera aussi ce moment important des présentations. Une fois ces dernières terminées, essayez de répéter les noms un à un. Si vous avez fait des associations d'idées, vous en aurez sans doute retenu plusieurs. Demandez aux gens dont vous n'avez pas retenu le nom de le répéter pour vous. Dans la grande majorité des cas, la personne s'exécutera volontiers sans se vexer. Par contre, si vous avez mémorisé son nom, elle sera surprise et impressionnée.

Faites un ensemble de lettres avec l'initiale de chaque nom

Prenez les initiales de chaque nom et composez un mot avec. Vous pouvez ainsi mémoriser jusqu'à six noms. Supposons que vous soyez présenté à Michel, Albert, Louise, Thérèse et Élisa. La chaîne de lettres ainsi obtenue donne le mot M-A-L-T-E. Il n'est pas nécessaire que le mot ait un sens. Prenons les noms Marie, Jean, Bernard (MJB) plus Philippe, Hélène et Dominique (PHD). Pour mémoriser les noms, reliez les deux groupes de lettres ensemble (dans cet ordre ou non): MJBPHD.

Dès que vous avez un moment, répétez les lettres et les noms correspondant. Plus vous les redirez, plus ils se graveront dans votre mémoire. Servez-vous d'indices éventuels pour renforcer le processus: sigle commercial, abréviations connues, acronymes, etc.

Composez une histoire par étapes avec les noms propres

C'est une technique très efficace. Supposons que vous êtes assis à une table de conférence. On commence à faire les présentations. La première personne est Mme Masson. Vous imaginez immédiatement un maçon avec sa truelle. Puis vient le tour de M. Dupond: voyez le maçon réparer les brèches du pont. Le numéro 3 est Mme Laforêt, le pont traverse une forêt. Enfin, M. Doré: le pont conduit à une mine d'or. Imaginez-vous maintenant accompagnant un maçon réparant un pont qui traverse une forêt. À l'autre extrémité se trouve une mine d'or.

Une fois les présentations terminées, répétez l'histoire mentalement. Si vous voulez vous rappeler le nom de la quatrième personne, repassez les "séquences" de votre histoire, et arrêtez-vous à la quatrième personne. Il est probable que vous ayez retenu le nom en question.

Vous pouvez combiner plusieurs techniques

Quel que soit le nombre de personnes auxquelles vous êtes présenté, vous pouvez utiliser une combinaison de méthodes mnémotechniques.

Voici quelques exemples d'associations simples et rapides pour retenir les noms d'un groupe de personnes. Brigitte comme "bijoux". Bernard comme "barbu". Louis a un nez en forme de "L". Florence est assise près d'un bouquet de fleurs. Richard porte une barbe comme Richard Burton dans certains de ses rôles. Jeanne a les mêmes cheveux blonds que votre cousine.

Avec de la pratique, les associations d'idées se feront instantanément

Si vous vous exercez, vous réussirez à faire des associations d'idées très rapidement. Grâce à cette gymnastique mentale, vous améliorerez considérablement votre mémoire.

Derniers conseils pour retenir les noms

1. Regardez les gens dans les yeux et souriez-leur au moment des présentations.
2. Soyez très attentif lorsqu'on vous présente la personne.
3. Écoutez attentivement son nom, et répétez-le immédiatement.
4. Pensez à quelqu'un qui porte le même nom.
5. Faites tout de suite une association entre le nom et une caractéristique quelconque de la personne, ou tout autre détail pertinent. C'est toujours la première association qui vous vient à l'esprit qui est la meilleure — quel que soit son caractère, flatteur ou "insultant".
6. Ne soyez pas gêné si l'association n'est pas flatteuse pour la personne.
7. Prononcez le nom plusieurs fois au cours de la conversation.
8. Si vous avez oublié le nom, ou si vous ne l'avez pas entendu la première fois, demandez à la personne de le répéter, et au besoin de l'épeler.
9. N'invoquez pas de fausses excuses du genre "Je n'ai jamais eu la mémoire des noms."
10. Les pensées qui s'interposent, les blocages et les inhibitions sont les principales raisons des oublis.

Chapitre 7

Comment améliorer votre conversation

Le silence — ce n'est pas tant ce que vous dites que ce que vous taisez

Le silence est très évocateur. Bien des gens ont tendance à l'interpréter à leur avantage ou à leur convenance. En fait, le silence n'est ni une confirmation, ni une dénégation, il laisse généralement derrière une question non résolue.

Le silence — un outil de négociation

On peut se servir du silence comme moyen de négociation. Un vendeur qui parle constamment ne laisse pas le temps à son client de penser à ce qui se dit. Le silence donne le temps de penser et de réfléchir aux propositions qui sont faites. Il peut vous encourager à parler et à réfléchir selon vos choix.

Le silence est normal

Le silence est naturel, au cours d'une conversation. Il n'est pas nécessaire de parler sans arrêt pour communiquer efficacement. Il permet d'observer son environnement immédiat, et de prendre le temps de réfléchir. Certaines personnes se sentent très mal à l'aise lorsque le silence s'installe. En réalité, le silence doit être considéré comme une pause nécessaire et enrichissante. Enfin, le silence est aussi une façon d'éviter un sujet particulier.

Sachez stimuler et encourager les gens — évitez de critiquer

Sachez être positif et encourager les gens. Commencez toujours par faire un compliment que vous aurez soin de ne pas mêler à des critiques constructives ou à des conseils. Cela aurait pour résultat de rendre la personne méfiante ou moins réceptive à vos suggestions. Il est préférable de complimenter la personne en reconnaissant ses efforts. Par exemple, si un enfant vient de terminer un travail qu'il devait remettre depuis longtemps, dites: "Je suis très content que tu aies fini ce travail. Je sais que cela prend du temps d'écrire un rapport comme celui-ci." Puis, pour corriger le problème du retard, ajoutez: "Comment vas-tu t'organiser pour rendre ton prochain rapport dans les délais fixés?" En donnant ce genre d'encouragement à l'enfant, puis en lui présentant le problème sous forme de question ouverte, vous le valorisez et l'encouragez à bien travailler.

Une bonne façon de communiquer et de s'exprimer: taquiner sans malice

Taquiner quelqu'un avec gentillesse peut s'avérer très bénéfique. Par la plaisanterie, on parvient à s'exprimer facilement, et de façon agréable. Dire ce que l'on ressent d'une manière gaie et drôle rend les gens plus attentifs et mieux disposés à votre égard.

Comment réagir au rejet et à la critique

Quelle attitude prendre lorsqu'on vous critique? Gardez toujours le sens de l'humour, et ne soyez pas sur la défensive. Ainsi, votre interlocuteur saura que vous savez garder une attitude positive.

Ne perdez pas le sens de l'humour

Sachez détendre l'atmosphère en plaisantant avec ceux qui vous entourent — et ne vous prenez pas trop au sérieux. Il est très important de savoir rire de soi et des autres. L'humour nous protège des critiques. C'est une arme très utile lorsque la situation devient tendue ou difficile.

Les critiques vous permettent d'évaluer la confiance que vous avez en vous

Les critiques sont souvent un test d'endurance. Si vous réagissez de manière agressive, c'est sans doute que l'on vient de faire mouche. Si vous êtes capable de rire de vous-même, et si vous ne prenez pas les critiques trop au sérieux, votre interlocuteur en conclura que vous avez confiance en vous.

Posez des questions ouvertes pour découvrir les vraies raisons des critiques qui vous sont adressées

Au lieu de réagir par des phrases de défense comme: "Mêlez-vous de ce qui vous regarde", essayez de poser des questions ouvertes à l'interlocuteur pour découvrir ce qui l'ennuie. Vous ouvrez ainsi la communication, et libérez aussi les frustrations ou la colère de la personne qui vous fait des critiques. Voici quelques exemples de réactions positives:

"Pourquoi te sens-tu comme ça?"
"Qu'est-ce qui t'ennuie?"
"Je ne comprends pas ce qu'il y a de mal à ________."
"Qu'est-ce qui te déplaît?"
"Que puis-je faire pour que tu prennes mieux les choses?"

Tenez compte des objections qui sont justifiées

Une fois que les causes sont exprimées, il vaut mieux discuter et trouver un compromis. Si la critique que l'on vous a faite est fondée, soyez honnête, n'essayez pas de vous en sortir par des "mais", "tout de même" ou autre "pourtant". Dites plutôt: "Tu as raison! Qu'est-ce que tu suggères?"

La meilleure façon d'obtenir ce que l'on désire est de le demander sans détour

La plupart des gens aiment les demandes claires et nettes. Si vous voulez demander quelque chose à quelqu'un, faites-le ouvertement. La personne sait à quoi s'en tenir, et elle vous donnera une réponse aussi précise que votre question. Il est certain que l'on n'a pas toujours ce que l'on veut, mais on a au moins la satisfaction d'être franc et direct.

Les gens ne sont pas devins

Certaines personnes s'attendent à ce qu'on devine leurs moindres désirs. C'est qu'elles envoient des messages obscurs, dans l'espoir que l'autre devinera. Là encore, soyez direct. Ce type de message est souvent ignoré ou mal interprété.

Prenons l'exemple d'un jeune homme qui veut attirer l'attention d'une jeune fille qu'il aime. Il est debout dans la foule pendant que la jeune fille bavarde avec ses amis. Il veut attirer son attention, mais il ne veut pas lui parler directement. Il se dit: "Je ne veux pas avoir l'air de quémander. Elle devrait savoir que j'ai envie qu'elle vienne à côté de moi." La jeune fille le regarde, et le voyant plongé dans ses pensées se dit: "S'il voulait parler, il me ferait signe de venir. J'ai l'impression qu'il préfère rester seul."

Dans cet exemple, les demandes cachées du jeune homme e sont pas ignorées. Elles sont mal interprétées. Il veut de 'attention, mais elle comprend qu'il vaut mieux le laisser tran- uille. Le jeune homme aurait aimé qu'on lise dans ses ensées. Au lieu de cela, la jeune fille se fie aux messages u'elle voit — l'attitude songeuse — et comprend: "Ne t'ap- roche pas. Je veux rester seul."

'Qu'attendez-vous de moi?"

Si vous sentez que quelqu'un veut vous dire quelque hose, tâchez de reformulez la demande en la répétant. Dites ar exemple: "Vous voulez dire que vous voulez...?" ou ncore: "Si je vous comprends bien, vous voulez que...?" De elles questions vous aideront à mettre les choses au point.

Chapitre 8

Comment se débarrasser de ses blocages

Bien des problèmes de conversation sont le résultat d'attitudes négatives ou d'a priori. La plupart des blocages ou des difficultés de communication viennent de la peur — peur de se faire mal voir, juger, critiquer ou rejeter. Ces blocages vous empêchent de communiquer sincèrement avec autrui.

Voici une liste des problèmes les plus fréquents, et de leur formulation rationnelle:

---

1. "*J'ai raison — vous avez tort!*" (*Dispute*) Avoir toujours raison, dans une discussion. Montrer aux autres que l'on est plus fort ou meilleur qu'eux.
2. "*Je sais ce qui se passe dans la tête des gens.*" (*Faire des généralisations*) Tirer des conclusions hâtives en se basant sur des paroles ou des actes isolés.
3. "*Ça m'est égal.*" (*Ne pas s'affirmer*) Ne pas affirmer ce que l'on pense pour plaire aux autres ou gagner leur estime. Ne pas prendre de décisions pour montrer que l'on est souple. Ne pas se montrer indépendant de peur de déplaire aux autres.
4. "*Apprenez-moi quelque chose.*" (*Fausse modestie*) Être un "puits de science" impressionnera les gens avec qui vous parlez.
5. "*Je suis ennuyeux.*" (Se déprécier) Je ne parle pas parce que je n'ai rien d'intéressant à dire.

Blocage n° 1 — "J'ai raison — vous avez tort!"

Certaines personnes confondent conversation et combat. Pour elles, il est indubitable qu'elles auront toujours raison. L'objectif est de ne jamais perdre, de montrer que l'on est plus intelligent, plus fort, et que l'on *gagne*.

Ce type de personne compétitive lancera souvent des phrases blessantes du genre "C'est la chose la plus ridicule que j'aie entendue!" ou encore "Ce que vous dites est complètement absurde!" Le message est clair: la personne ne peut avoir que raison — par conséquent, vous avez tort!

Inutile de dire que ce genre d'attitude ne favorise pas les échanges. Les gens se sentent ridiculisés et sont vexés.

En fait, les gens qui se croient obligés d'avoir toujours le dernier mot croient à tort qu'on les respectera davantage s'ils se montrent rigides. En fait, ils émettent le message suivant: "Toute personne qui serait en désaccord avec moi a tort, et est par conséquent imbécile."

Il est facile de se rendre compte que le raisonnement: "*J'ai raison — vous avez tort.*" est terriblement nuisible à une conversation.

Ne croyez pas que tout ce que vous pensez est fatalement vrai

Soyez conscient de la relativité des choses. Nos opinions sont souvent subjectives, et nous ne nous basons pas toujours sur des faits réels pour former nos jugements. Il existe donc de grandes divergences de vue, qui permettent d'alimenter des discussions enrichissantes.

Chacun de nous a le droit d'avoir ses idées — idées qui peuvent sembler absurdes ou fantaisistes — et le droit d'être respecté. N'imposez pas votre point de vue. Montrez votre désir de comprendre autrui. Vous permettrez à l'autre de s'ouvrir et d'être plus réceptif à vos idées.

Comment exprimer votre désaccord

Lorsque vous n'êtes pas d'accord avec ce que l'on vous dit, évitez les phrases du genre "Vous avez tort!" ou "Où êtes-vous allé chercher une idée pareille?" Soyez diplomate, et exprimez votre idée en commençant par: "Il me semble..." ou: "La façon dont je vois les choses...", "Je crois que...", "Je pense que...", "J'ai l'impression que...", "À mon avis...", "Je ne vois pas les choses ainsi..." ou encore: "J'ai remarqué que..." En présentant les choses de cette façon, sans condamner l'autre, vous disposez la personne à écouter ce que vous avez à lui dire.

Si quelqu'un n'est pas d'accord avec vous, ne dites pas: "Vous n'avez aucun goût! Vous devriez savoir à qui vous parlez!" Dites plutôt: "Nous n'avons pas la même vision des choses." ou: "Je vois que vous n'êtes pas d'accord. C'est votre droit."ou encore:"À chacun ses idées!" Si vous voulez dire que vous n'aimez pas quelque chose, sans toutefois vexer la personne, dites: "C'est sans doute une grande oeuvre (il peut s'agir de musique, de théâtre, ou d'un film) mais cela ne me touche pas vraiment." Rappelez-vous que vous avez droit à vos idées, tout comme les gens à qui vous parlez.

Blocage n° 2 — "Je sais ce qui se passe dans la tête des gens!"

Certaines personnes ont tendance à généraliser. Ne sautez pas à des conclusions hâtives en vous basant sur un trait isolé.

Être trop critique est négatif. Cette tendance à condamner au premier coup d'oeil est aussi une façon de se dévaloriser soi-même. C'est une approche désastreuse qui empêche de résoudre ses propres problèmes.

Il ne faut pas se fier aux apparences

Les gens qui jugent au premier coup d'oeil classent les gens en catégories, en se fiant par exemple à la voiture qu'ils conduisent, au métier qu'ils exercent, ou aux vêtements qu'ils portent. Même si ces détails peuvent être d'une certaine façon révélateurs, ils ne sont que des détails. Les gens détestent être jugés ainsi, et vous risquez d'être vous aussi étiqueté.

Un comportement donné ne reflète pas toute la personnalité

Avant de porter un jugement sur quelqu'un, récoltez suffisamment de renseignements. Donnez une chance aux gens de se faire aussi une idée de vous. Soyez ouvert, et les autres le seront à votre égard. Si l'on vous critique injustement, rectifiez la situation en vous expliquant.

Blocage n° 3 — "Ça m'est égal"

Certaines personnes croient qu'en faisant passer les besoins des autres avant les leurs, elles s'attireront la sympathie et le respect, et que les autres leur rendront la pareille. Elles sont souvent déçues. Elles pensent alors qu'elles sont victimes, que l'on profite d'elles, et elles développent un sentiment de frustration.

Les gens qui disent: "Ça m'est égal" font deux choses. Premièrement, ils essaient de plaire en recherchant l'approbation. Deuxièmement, ils s'effacent, et ne prennent aucune responsabilité, aucune décision.

Il est bon d'être souple — pas indifférent

S'il est bon d'être souple et ouvert aux suggestions des autres, il ne faut pas pour autant acquiescer à tout. Une personne qui dit toujours que "ça lui est égal" donne à penser qu'elle ne s'engage jamais, qu'elle est indifférente, qu'elle s'ennuie, ou qu'elle ne dit pas le fond de sa pensée.

Exprimez vos préférences (même si elles sont contraires à celles de votre interlocuteur)

Si vous n'exprimez ni vos goûts, ni vos désirs ni vos préférences, ne vous attendez pas à ce que l'on vous comprenne. Les gens ne sont pas devins. Il est bon d'exprimer ses sentiments, sans quoi on risque de se sentir hostile, rancunier ou coupable.

Affirmez-vous!

S'affirmer, c'est exprimer avec confiance ce que l'on pense sans toutefois avoir de preuve objective. Vous avez le droit de faire ce qui vous plaît, et de ne pas faire ce qui vous déplaît. Vous avez aussi droit à vos sentiments, et vous n'avez pas à vous justifier ou à vous excuser (Ceci n'exclut pas que vous êtes responsable de vos actes).

Obtenez ce que vous voulez en demandant!

Faites des demandes claires et directes au lieu d'attendre que l'on vous devine. Quelle que soit la réponse, vous aurez du moins la satisfaction de vous être exprimé franchement.

Vous avez le droit de dire non sans vous sentir coupable

Si quelque chose vous déplaît, dites non tout simplement. Les gens qui n'osent pas refuser ont généralement peur de blesser l'autre. Si vous acceptez quelque chose qui vous déplaît, ou si vous hésitez, dites: "Laissez-moi réfléchir" ou "Je vous donnerai ma réponse plus tard", ou "Je vous rappellerai."

Proposez des solutions de rechange — manifestez votre intérêt

En disant "Cela m'est égal", vous ne vous engagez à rien. Au lieu de dire oui à toutes les suggestions que l'on vous fait (parfois contre votre gré), offrez des solutions de rechange. Dites vos préférences, et votre interlocuteur aura une idée plus précise de la situation. Participez à la prise de décision. Ne soyez pas passif. En vous engageant, vous faites preuve de votre intérêt, de votre enthousiasme, et du désir que vous avez de partager la compagnie de l'autre personne.

"Que penseront les gens de moi?"

Certaines personnes se sentent coupables de faire ce qu'elles ont envie et croient que les gens vont désapprouver leur conduite. Elles ont peur qu'on les prenne pour des personnes égoïstes, ou craignent de blesser les autres.

Si vous faites quelque chose qui déplaît à quelqu'un, et si vous avez peur d'être jugé, vous ne pourrez pas poursuivre vos objectifs. Si vous vous faites ainsi manipuler, c'est que vous attachez trop d'importance à ce que les autres pensent de vous. Il se peut que vous ayez très peur d'être rejeté, ou que vous craigniez de perdre l'amour ou l'amitié de votre partenaire.

Ne vous tourmentez pas pour rien

Il est important de tenir compte des sentiments d'autrui. La plupart du temps, vous ne blessez personne en faisant ce que vous aimez. Il s'agit en fait d'une question d'interprétation. Il y a mille et une manières de réagir à une situation donnée, et ce qui compte, c'est la façon dont *vous* vous sentez en posant le geste de votre choix. Agissez selon vos propres intérêts. Votre confiance en vous n'en sera que renforcée. Ainsi, ne vous tourmentez pas en vous demandant constamment ce que les autres pensent de vous. C'est de votre vie qu'il s'agit, pas de la leur.

Faites ce que vous avez à faire

Faites ce qui vous tente. Exprimez franchement vos intentions, dites quelles sont vos motivations, — *sans dépendre de leur approbation.*

Lorsque vous pensez à vos priorités, essayez de faire une projection sur un mois ou deux — et plus, si cela est possible. Imaginez votre avenir proche, et vous réaliserez plus facilement vos rêves. Affirmez-vous et travaillez à votre succès.

Attention: s'affirmer ne veut pas dire être égoïste ou insensible

Faire ce que l'on veut ne doit pas servir d'excuse ou de justification à l'égoïsme. Dans une relation amicale, il y a un échange: on donne et on reçoit. Il doit y avoir équilibre. Ainsi, vous pouvez à la fois vous respecter et respecter les autres.

Il arrive que l'on se fasse manipuler. Si quelqu'un vous menace de ne plus vous aimer, méfiez-vous...

Blocage n° 4 — "Apprenez-moi quelque chose" — si vous croyez que c'est possible —

Certaines personnes ont une très haute estime d'elles-mêmes — qui ne correspond pas toujours à la réalité. En fait, elles ont peur de paraître stupides si elles expriment certains doutes.

Les "je sais tout" ne sont pas capables de converser agréablement. Les idées des autres ne les intéressent pas, et il n'y a pas de dialogue possible. Il est évidemment très prétentieux de croire que l'on a la science infuse...

Il est tout à fait correct de dire "Je ne sais pas"

En admettant ses limites, on gagne le respect de son partenaire qui voit que l'on est honnête. Il est stupide de croire que les gens s'attendent à ce que nous ayons toutes les réponses.

Si un ami parle d'un livre, d'un film ou d'une personnalité que vous ne connaissez pas, ne faites pas semblant d'être au courant. Tôt ou tard, votre interlocuteur s'en apercevra, et n'aura plus confiance en vous.

"Je ne connais pas ce domaine..."

Il est bon d'admettre ses limites et de demander conseil. La plupart du temps, (à moins que votre partenaire essaie de profiter de vous) ce dernier répondra à vos questions.

Blocage n° 5 — "Je suis ennuyeux"

Certaines personnes préfèrent la facilité, et ne participent pas aux discussions. Elles pensent qu'elles n'ont rien d'intéressant à dire. Laisser ainsi sa place est en fait une *technique de fuite* face aux gens, aux problèmes et aux situations.

Les gens qui ne participent jamais ont peur d'ennuyer les autres, ou sont trop paresseux pour engager la conversation.

Ne vous dépréciez pas

Cessez de vous "descendre" par des phrases du genre "Je ne sais rien; je ne sais rien faire; ma vie n'a aucun intérêt. Je n'ai rien à dire d'intéressant." De telles pensées en disent long sur le peu d'estime que vous avez de vous-même. Les autres sentent très vite que vous n'avez pas confiance en vous, et peuvent très vite vous donner raison!

Mettez l'accent sur les situations positives de votre vie — et parlez-en

Attachez-vous aux bons côtés de votre vie, et communiquez votre enthousiasme à votre entourage. Il est bénéfique de parler des choses qui vous tiennent à coeur, d'exprimer vos sentiments, vos idées, vos points de vue. Vous dévoilez ainsi votre personnalité. Ne vous dépréciez pas, et vous ne serez jamais ennuyeux.

Cessez de vous plaindre

Soyez attentif à ce genre de phrases:

"*Je n'ai pas envie.*" (Une excuse pour ne pas faire ce qui vous plaît ou ce que vous devez faire.)

"*Je n'ai pas eu le temps.*" (Autre excuse pour ne pas faire ce qui vous plaît, ou devez faire.)

"*Quelle différence cela fait-il?*" (Marque de paresse et de désintérêt.)

"*Je déteste que les gens me demandent ce que j'ai fait.*" (Prétexte pour ne pas répondre.)

Ces blocages sont de véritables barrières à la communication. Il s'agit plus souvent de mauvaises habitudes que de traits psychologiques profonds. Nous avons vu ici qu'il était possible d'y remédier. Les gens remarqueront un changement positif dans votre comportement. Vous serez plus ouvert à la communication, et plus accessible aux autres.

Chapitre 9

Comment se faire des amis

L'amitié est un don

Gagner l'amitié de quelqu'un est un des objectifs les plus précieux. Bien souvent, on peut compter ses vrais amis sur les doigts de la main: ce sont ceux en qui l'on a une confiance absolue. L'amitié est une relation très importante. Si la solitude est le lot de bien des gens, il est réconfortant de penser que l'on peut se faire de bons amis à tout âge.

Qu'est-ce que l'amitié?

Un ami peut être un allié, un soutien, quelqu'un qui redonne courage, qui dit ce qu'il pense, et qui donne aussi de nombreux conseils. On fait à un ami des confidences que l'on ne ferait à personne d'autre. Un ami est quelqu'un en qui on a confiance, qui est capable de partager de nombreuses choses, et qui apporte un sentiment de plénitude à notre vie. Parmi les "composantes" de l'amitié, on retrouve des qualités telles que:

Patience	Stimulation	Sympathie	Intimité
Respect	Égalité	Gaieté	Spontanéité
Compréhension	Sûreté	Souplesse	Point de vue
Partage	Aide	Enrichissement	différent
Compassion	Apprentissage	Liberté	Tolérance
Confiance	Amour	Sécurité	Honnêteté

Il n'est pas toujours facile de se faire des amis

Il faut consacrer du temps, des efforts et de la patience pour se faire des amis. De nos jours, la carrière et la famille prennent souvent le pas sur l'amitié, et certaines personnes ne font pas les efforts voulus pour cultiver l'amitié.

Cultiver la confiance

Qui dit amitié dit confiance mutuelle, et l'on ne gagne pas la confiance de quelqu'un du jour au lendemain. Il faut apprendre à se connaître, il faut révéler ses sentiments, ses goûts à l'autre. Avec le temps, on s'ouvre et se confie de plus en plus, dépassant ainsi les hésitations des premières rencontres.

Une fois que la confiance est là, il faut la respecter. Il suffit d'une seule "trahison" pour détruire une amitié.

Allez dans les endroits que vous aimez pour rencontrer des gens

Il existe d'innombrables endroits où on peut faire des rencontres. Il peut s'agir d'un cocktail, d'une cérémonie religieuse, d'une réunion politique, ou d'une classe de cours pour adultes. Si vous partagez des intérêts avec les gens, vous êtes sûrement au bon endroit.

Rencontrez des gens qui partagent les mêmes intérêts que vous

Supposons que vous êtes un photographe débutant, et que vous aimeriez aller à la campagne faire quelques photos. Vous venez de vous acheter un appareil, et vous vous êtes inscrit à un cours. Vous y rencontrerez des gens qui ont au moins un point en commun avec vous. Vous aurez sans doute plusieurs discussions sur le sujet. Commencez par demander aux autres ce qui les a amenés à suivre ce cours. Dites par exemple: "Qu'espérez-vous de ces cours?" ou encore "Qu'est-ce qui vous a amené à faire de la photographie?"

Comment naît l'amitié

Parmi tous les gens que vous côtoyez à votre travail, dans votre quartier, et surtout lors de vos sorties, il existe sûrement des amis potentiels.

Engagez graduellement la conversation avec les gens que vous voyez régulièrement. Trouvez les points que vous avez en commun. Commencez par sourire, et par dire bonjour, et si l'occasion le permet, présentez-vous.

Soyez amical et désinvolte

Lorsque vous aurez dit bonjour plusieurs fois, vous trouverez sans doute l'occasion de vous arrêter et de bavarder quelques instants. Que ce soit à votre travail, en marchant dans la rue, ou à l'épicerie du quartier, commencez à parler de choses et d'autres. *Rappelez-vous*: ce genre d'échange donne le message: "Vous m'intéressez, et j'ai envie que nous parlions."

Utilisez des questions rituelles pour laisser passer le message suivant: "Je veux faire votre connaissance"

"Depuis combien de temps travaillez-vous ici?"
"Habitez-vous le quartier depuis longtemps?"
"Où habitiez-vous avant?"
"Comment avez-vous commencé à faire ce travail?"
"Quels sont vos loisirs préférés?"

Ces questions rituelles indiquent votre intérêt, et permettent à la personne d'exprimer à son tour l'intérêt qu'elle vous porte. Écoutez attentivement les renseignements qu'elle vous donnera au cours de la discussion.

Comment trouver ce qui passionne quelqu'un

Plus vite vous découvrirez ce qui passionne quelqu'un, plus vite vous saurez si vous avez des choses en commun. Certains objets — raquette de tennis, patins à roulettes, cartable à dessin — vous renseignent déjà sur la personnalité de leur propriétaire. Vous pouvez demander: "Je vous ai vu l'autre jour avec un cartable à dessin. Êtes-vous artiste?"

Souvenez-vous des détails que la personne vous a racontés

Les gens sont toujours agréablement surpris que l'on mentionne des faits ou des détails dont ils ont fait état lors de précédentes conversations. Des phrases comme: "Avez-vous trouvé du travail?" ou "Avez-vous gagné aux courses, récemment?" montrent que vous avez vraiment écouté et que vous vous sentez concerné. Ces marques de sympathie font sentir à la personne qu'elle est importante.

Il est donc essentiel de bien écouter, et de retenir les mots clés et les renseignements que l'on vous donne. De ces informations, vous pourrez alimenter et diriger des conversations ultérieures.

Faire en sorte que l'autre se sente important

En vous souvenant du nom d'une personne, et des détails la concernant, vous lui donnez le sentiment qu'elle est spéciale. L'attention que vous lui portez prouve votre intérêt et votre curiosité, et l'encourage à révéler des renseignements supplémentaires. Une personne qui commence à s'ouvrir ainsi témoigne la confiance qu'elle a en vous.

Quand se présenter

Profitez d'une pause et dites: "Au fait, je m'appelle ________. Et vous?" Il vaut mieux se présenter le plus vite possible. Plus on attend, plus il devient malaisé de le faire.

Montrez à l'autre que vous l'aimez bien

Lorsqu'on veut devenir l'ami de quelqu'un, il faut lui montrer qu'on l'aime bien et que l'on a envie de faire plus ample connaissance. Profitez de chaque occasion pour bavarder avec la personne. Vous renforcerez ainsi une attitude amicale et positive. Lorsqu'on montre à quelqu'un qu'on l'aime bien, il réagit généralement amicalement.

Attention: veillez à ne pas forcer la dose au début. Soyez à l'aise, simple et détendu. Prenez votre temps.

"Que diriez-vous si nous allions prendre un verre?"

Profitez d'une conversation avec quelqu'un dont vous avez envie de faire plus ample connaissance pour suggérer une sortie — aller prendre un verre, un café, une glace, etc. Cette marque d'attention montre l'intérêt que vous portez à la personne. Si cette dernière est libre, il est probable qu'elle vous réponde: "Bien sûr, pourquoi pas?" Fixez alors un jour en disant: "Quel jour et quelle heure vous iraient le mieux?", "Si nous sortions ce soir?" ou encore: "Quand cela vous convient-il?"

Cher Gabby,

Je suis à mon travail en train de parler avec un ami. J'aimerais prendre mon repas avec lui, mais je n'ose pas lui demander. Que dois-je faire?

Timide et affamé

La première chose à faire est de découvrir si la nourriture est un des "dadas"de la personne avec laquelle vous avez envie de déjeuner. Il est facile d'introduire le sujet en posant simplement des questions sur les restaurants du quartier, les plats préférés, ou des repas mémorables. Dites par exemple: "Est-ce que vous connaissez de bons restaurants dans le quartier?", "Comment mange-t-on au restaurant du coin?" ou encore: "Êtes-vous déjà allé chez Louis? J'ai entendu dire que la nourriture y était excellente."

Une fois que vous savez que vous partagez des goûts communs, suggérez une sortie au restaurant dans la semaine qui suit. Mentionnez un restaurant de bonne réputation, dont l'ambiance est sympathique.

Si la personne a envie de passer quelque temps en votre compagnie, elle acceptera votre invitation. À vous de trouver le jour et l'heure qui conviendront. "Que faites-vous ce soir? Aimez-vous la nourriture italienne?" Si à l'inverse vous êtes celui ou celle que l'on invite, vous devrez attendre que l'autre fasse une proposition. Si chacun paie son repas, c'est vous ou votre compagnon qui lancerez le rendez-vous, indifféremment.

Suggérez une activité d'intérêt commun

Une fois que vous aurez passé quelque temps avec la personne, proposez une activité qui vous plaise à tous les deux: aller au cinéma, faire une promenade en bicyclette, aller au restaurant. Vous pouvez faire ce genre de propositions:

"Êtes-vous libre pour le souper?"

"Aimeriez-vous aller au cinéma ce soir?"

"Il y a un orchestre formidable qui joue ce soir. Voulez-vous venir danser?"

"J'ai envie de me promener sur la plage. Voulez-vous m'accompagner?"

"C'est mon jour d'exercice. Aimeriez-vous jouer quelques sets de tennis avec moi?"

"Bonjour Aline, c'est Jean. Est-ce que vous avez quelques minutes?"

Téléphonez pour confirmer l'heure de votre rendez-vous, et pour dire un petit bonjour. Voici comment faire votre appel.

- Installez-vous à votre aise — assis de préférence.
- Lorsque la personne décroche, dites "Bonjour, c'est ________. Avez-vous quelques minutes?" Dites qui vous êtes. Ne jouez *jamais* à "Cache-cache".
- Posez une question précise concernant une activité de votre interlocuteur: "Où en êtes-vous dans votre travail?" ou "Comment s'est passée votre entrevue?"
- Dites la raison de votre appel: "Je voulais confirmer notre rendez-vous." ou "Je voulais juste vous dire bonjour."
- Terminez par une phrase aimable du genre: "J'ai trouvé agréable de vous parler", "Nous nous reparlerons bientôt". Ou encore: "J'ai hâte que nous nous revoyions!"

Demeurez en contact avec les gens que vous aimez bien

Il est important de rester en contact avec les gens que l'on aime bien. Les rencontres permettent à l'amitié de se développer et de se consolider.

Si vous êtes invité quelque part, faites un effort pour y aller. En acceptant l'offre qui vous est faite, vous encouragez la personne à partager ses sentiments avec vous. Vous ne devez évidemment pas agir contre votre gré, mais vous devez réaliser qu'un refus est souvent interprété comme un manque d'intérêt.

Soyez ouvert aux nouvelles expériences

Laissez-vous conduire dans de nouveaux endroits, rencontrez de nouvelles personnes, essayez des plats inconnus. Témoignez d'un esprit ouvert et curieux. Vos amis seront contents de vous faire partager leurs expériences. De la même façon, ils seront plus enclins à vous suivre le moment venu.

Partagez des activités avec vos amis

Vous aussi, demandez à vos amis de partager une activité que vous aimez bien. Faites-leur connaître les endroits qui vous sont chers, vous témoignerez ainsi de votre amitié d'une façon subtile. En prenant ce genre d'initiative, vous contrôlez mieux les événements et le cours que prend la conversation.

L'amitié se développe avec le temps

On peut comparer l'amitié à une plante qui croît lentement et régulièrement au fil des années. L'amitié se développe en partageant des expériences avec ses amis. Temps et partage sont deux éléments importants de l'amitié. On pourrait les exprimer ainsi:

> "Nous sommes amis depuis longtemps."
> "Nous avons traversé des moments incroyables tous les deux."
> "Je ne sais pas ce que j'aurais fait sans toi."
> "Je veux te remercier pour toute l'aide que tu m'as donnée ces derniers temps. Je t'en suis très reconnaissant."
> "Ces derniers mois passés ensemble ont été vraiment superbes. Je les ai beaucoup appréciés!"

Cher Gabby,

Je suis avec un vieil ami que je n'ai pas vu depuis des années. Par où dois-je commencer la conversation?

Retrouvailles

Lorsqu'on parle à de vieux amis, il faut rétablir les liens, et "remettre à jour" la relation. Étant donné les changements survenus, mettez l'accent sur les grands événements de votre vie. Parlez des décisions que vous prendrez dans un avenir rapproché, soumettez vos idées à votre ami pour qu'il vous donne son avis. Cela vous aidera, et approfondira du même coup la relation.

Il est également important de savoir ce qui est arrivé dans la vie de l'autre personne. Encouragez-la si nécessaire à vous parler de ce qu'elle fait, de ses projets, des personnes avec qui elle est.

On se sent parfois un peu "rouillé". Ce sentiment disparaîtra bien vite et la conversation se déroulera de manière naturelle.

"La seule façon d'avoir un ami est d'en être un" — Ralph Waldo Emerson

On a déjà dit qu'un ami est quelqu'un qui sait tout de nous, mais qui nous aime quand même. L'amitié requiert beaucoup de souplesse et de tolérance. Il faut accepter ses amis pour ce qu'ils sont: des personnes uniques, avec leurs problèmes, leurs qualités et leurs défauts. Soyez tolérant et vous garderez longtemps vos amis. Faites ce que vous pouvez pour les aider, vous ne serez pas en reste. Si vous êtes un bon ami, vous aurez de bons amis.

Les amis “grandissent” ensemble

Il est très enrichissant de pouvoir partager des intérêts et des goûts communs. Apprendre et cheminer ensemble est un des aspects les plus gratifiants d’une relation. Entre amis, la croissance et l’apprentissage n’ont pas de fin.

50 façons d'améliorer votre conversation

VOICI UN RÉSUMÉ DES POINTS IMPORTANTS

1. Dites bonjour le premier.
2. Présentez-vous.
3. Prenez des risques. N'ayez pas peur d'être rejeté.
4. Montrez votre sens de l'humour.
5. Soyez ouvert aux idées nouvelles.
6. Faites des efforts pour retenir le nom des gens.
7. Si vous oubliez le nom de quelqu'un, n'hésitez pas à le redemander.
8. Montrez votre intérêt et votre curiosité à votre entourage.
9. Parlez aux autres des grands événements de votre vie.
10. Parlez de vous, faites connaître vos goûts.
11. Montrez que vous êtes attentif en reformulant ce que l'on vous dit.
12. Communiquez votre enthousiasme et votre joie de vivre à ceux que vous rencontrez.
13. Faites l'effort de rencontrer de nouvelles personnes.
14. Acceptez la personnalité de chacun.
15. Soyez naturel.
16. Décrivez votre travail de manière simple et concise.
17. Présentez-vous de nouveau à quelqu'un qui a oublié votre nom.
18. Sachez captiver votre auditoire en parlant de ce que vous faites.
19. Soyez conscient de l'importance du langage corporel "ouvert" et "fermé".

20. Lors d'un premier contact, usez de votre regard et de votre sourire.
21. Saluez les gens que vous rencontrez régulièrement.
22. Cherchez à connaître les intérêts, les expériences et les objectifs de vos interlocuteurs.
23. Aidez les gens dans la mesure du possible.
24. Laissez les autres jouer aux experts.
25. Acceptez de répondre aux questions rituelles courantes.
26. Soyez enthousiaste lorsque les gens vous font part de leurs intérêts.
27. Équilibrez les renseignements que vous donnez et ceux que vous obtenez.
28. Abordez des sujets variés.
29. Vivez dans le présent.
30. Soyez ouvert aux idées et aux sentiments d'autrui.
31. Exprimez vos sentiments, vos idées et vos émotions.
32. Dites "Je" lorsque vous parlez de choses personnelles.
33. Ne dites pas "vous" ou "On" lorsque vous pensez "Je".
34. Montrez à votre entourage que vous appréciez la conversation en cours.
35. Invitez les gens à se joindre à vous lors de sorties: dîners, cocktails, etc.
36. Restez en contact avec vos amis et vos connaissances.
37. Demandez aux gens quelle est leur opinion.
38. Recherchez l'aspect positif des gens que vous rencontrez.
39. Débutez et terminez une conversation en disant le nom de la personne, en lui serrant la main, ou en la saluant chaleureusement.
40. Prenez le temps d'être aimable avec vos voisins ou les gens avec qui vous travaillez.
41. Dites aux autres que vous avez envie de mieux les connaître.

42. Posez des questions sur les choses que l'on vous a dites au cours de conversations préalables.
43. Écoutez attentivement les renseignements d'ordre général qu'une personne peut révéler.
44. Faites preuve de tolérance quant aux croyances d'autrui.
45. Changez de sujet de conversation lorsque c'est nécessaire.
46. Essayez toujours de découvrir les "passions" des gens.
47. Faites des compliments sur ce que les gens disent, font, ou portent.
48. Encouragez les autres à vous parler en leur envoyant des messages de réceptivité.
49. Rencontrez et parlez aux gens dont vous appréciez la compagnie.
50. Lorsque vous racontez une histoire, *commencez* toujours par les grandes lignes, puis ajoutez les détails pertinents.

À vous maintenant de mettre en pratique ces "trucs". Vous avez beaucoup à gagner si vous vous exercez. Soyez patient et faites toujours preuve d'une attitude positive. Vous engagerez des conversations enrichissantes à tous points de vue.

Table des matières

IMPRIMÉ EN FRANCE PAR BRODARD ET TAUPIN
6898D-5 - Usine de La Flèche (Sarthe), le 20-03-1991.

pour le compte des
Nouvelles Editions Marabout
D.L. mars 1991/0099/94
ISBN 2-501-01207-0